聴くだけで体が変わる
サウンドヒーリング

屋久島の自然音CD付き

サウンドヒーリング協会理事長
喜田圭一郎

東邦大学医学部教授
［監修］有田秀穂

JN298273

青春出版社

はじめに——音を変えれば人生が変わる

私は長年、音響装置の開発にかかわったり、環境音楽をプロデュースしたりと、音に携わる仕事をしてきました。そうしたなかで、

「音には心と体を癒す力がある」

と確信するようになりました。

ノリのいい音楽を聴くと気分が高揚したり、不快な音を耳にするとイライラする……といったように、音が何らかの影響を与えていることは、誰もが常日頃から感じているでしょう。しかし、ここで言う「心と体を癒す力」は、単に気分や好き嫌いのレベルではなく、しっかりとした科学的根拠があります。

そのような科学的根拠に基づく音の癒し効果を、私は「サウンドヒーリング」と名付け、体系化しました。その方法について述べたのが、本書『聴くだけで体が変わるサウンドヒーリング』です。

ここでみなさんは、

はじめに

「本当に音を聴くだけで体が変わるの？」

と疑問を持たれるかもしれませんね。しかしサウンドヒーリングは、これまで海外を含め15万人以上の人が体験し、「よく眠れるようになった」「ストレスがやわらいだ」といったメンタル面から、「肩こりが楽になった」「肌がきれいになった」といった体調面まで、その効果を実感している方がたくさんいらっしゃいます。なかには、サウンドヒーリングとの出会いによって体の具合が大幅に改善し、新しい道が開けたという方もいます。

ただし、聴く音の種類や聴き方には、ちょっとしたコツがあります。

これから詳しく述べますが、私たちは耳だけでなく体全体でも音を聴いています。体が喜び、体に心地いい音を聴く――これがサウンドヒーリングのポイントです。

今回はサウンドヒーリングを体感していただくために、付録として屋久島の自然音CDを付けました。CDの効果的な使い方も紹介していますので、今日からご活用ください。

この本によって、体と音の密接な関係を知っていただくとともに、音で体に眠っている本来の働きを発揮し、人生をよりよいものにするヒントを得ていただければ幸いです。

喜田圭一郎

監修者の言葉――東邦大学医学部教授　有田秀穂

私は脳内物質セロトニンが心身の癒しをもたらすことを、サイエンスの手法で研究しています。

これまでの研究でセロトニン活性が検証されたものは、坐禅の丹田呼吸法、ヨガ、太極拳、ウォーキング、ジョギング、スクワット、自転車漕ぎ、ガム噛み、フラダンス、盆踊り、サルサ、ドラムなどです。お坊さんや各種のセラピスト、音楽関係者や舞踏家など、およそ医学・生理学とは無縁の人々が研究室に集ってきて、ワイワイガヤガヤやってまいりました。わくわくドキドキする反面、持ち込まれた課題によっては、セロトニン活性が検証されなかったケースも多数あったので、慎重な洞察力が求められる仕事であります。

喜田さんのサウンドヒーリングに出会ったのは数年前で、大学の薬学の先生の紹介です。日本のロケット開発で有名な糸川英夫先生と一緒に研究開発されたと紹介されました。

糸川先生が現役を退いた後、チェロやダンスを楽しんでいたのは、マスコミを通じて知っていましたので、すぐに興味を引かれました。音楽畑で仕事をしていた喜田さんが、糸川先生と共同研究して、本書に紹介する装置が開発されたわけです。ポイントはチェロの音ではなく体感振動が脳に影響を与えることです。

ところで、脳科学では言語脳が左脳に限局していることがよく知られています。言語と同じように音を媒体にする音楽は、果たして右脳に限局するかということについて、20年ぐらい前から関心を持たれていました。結論は、音符というのは一種の言語であって、音楽家は主に左脳を使って音楽を演奏し、かつ、聴いていることが判明してきています。

一方、速いテンポの激しいリズムを人が聴いていると、無意識のうちに呼吸のリズムが速くなることが注目されています。音楽は、聴覚による認識だけではなく、意識下（無意識）の心や自律神経にも影響を与えるわけで、私はその脳内メカニズムに興味を持っています。

喜田さんの開発した体感音響システムを使って、早速、脳血流、脳波、セロトニン測定、心理テストなどの測定をはじめ、これまでに10名以上の被験者でヒーリング効果を確認しています。

私自身も体験し、それを実感しています。というよりも、喜田さんと研究をしながら、私はこの装置の愛好家になってしまったというのが本当のところです。喜田さんがその装置を私の部屋の椅子にセットしてくれて、頻回に使うようになりました。仕事でかなり疲労が蓄積しているときに、30分間この装置に身を任せていると、いつの間にか仮眠（意識のない時間は5～10分位）状態になり、目覚めると実に爽快な気分が漂うのです。それは、セロトニン活性と心理テストの変化によって、科学的にも裏付けられています。

みなさんにもぜひこの装置を体験していただきたいと思います。現代は脳ストレスの時代であるとも言われます。それを癒すには、身体に働きかけて、脳を癒すメソッドが有効です。それを仲介する脳内物質がセロトニンなのです。

私は、御徒町駅前にセロトニン道場（ホームページは http://www.serotonin-dojo.jp）を開いて、セロトニンの理論と実践の両面から普及活動を展開しています。もちろん、喜田さんの主催するサウンドヒーリングも道場の中心的な活動のひとつです。道場のほうにもぜひご訪問ください。

東邦大学医学部統合生理学　教授
セロトニン道場　代表
有田秀穂

「聴くだけで体が変わるサウンドヒーリング」目次

STEP2 音は「体で聴く」と元気になる！

体感音響で体が変わる、心が変わる

STEP3 今日から実践！ サウンドヒーリング ナチュラル・オーガニック・サウンドで毎日が輝く！

【付録CD】「ナチュラル・オーガニック・サウンド in 屋久島」中田悟

編集協力 樋口由夏
本文DTP センターメディア

STEP 1

疲れがとれないのは「音」が原因だった！

体が喜ぶ音、ストレスになる音

機内食の「味」は「音」とかかわっている

心と体の疲れをとるサウンドヒーリングの話に入る前に、まず飛行機の機内食の話をしましょう。

「音の話なのに機内食？　何の関係があるの？」

と思われるかもしれませんね。これが関係大アリ、なのです。

飛行機に長時間乗り、機内食を食べた経験のある方にお尋ねします。機内食はおいしかったですか？　少なくとも私のまわりには、機内食がとてもおいしかったという人は残念ながらあまりいません。

理由は大きく分けて3つあります。

1　長時間の移動によるストレス

2　聴覚への騒音刺激

3　料理の内容

3の「料理の内容」についてはあえて説明するまでもないでしょう。

重要なのは最初の2つの理由です。

1つめは長時間乗り物に乗って移動することによるストレスです。私たちは飛行機に限らず、長時間乗り物で移動をすると、ただ座っているだけなのに心と体を消耗します。それは本来の人間の姿を考えれば当然のことでしょう。

人間は、大地に足をつけて生きています。しかし乗り物に乗るということは、地に足がつかず、かなりの速さで移動していることになり、人間にとって非常に不自然な状態です。すると、意識する・しないにかかわらず体は緊張します。自動車を1時間以上運転すると、免疫力が低下するという報告もあるくらいです。

なかでも飛行機は時速約800キロもの高速で移動し、騒音もかなりの大きさです。機内の騒音の大きさは場所によっても違いますが70デシベル（db）以上と言われます。人間が騒音と感じる音は60デシベル以上。交通量の多い道路の音量が80デシベルです。長時間飛行機に乗ることでストレスを感じるのは、当たり前のことなのです。

では、ストレスがかかることとおいしく感じないことに、どんなつながりがあるのでしょうか？

ストレスがかかると、血液循環が悪くなり人間の五感の働きが鈍ります。極端にストレスがかかった状態では、目が見えにくく、耳も聴こえにくくなります。視野が狭くなり心も狭くなります。目、耳だけでなく味覚も同様です。味覚が鈍くなり、食事を楽しむという状態ではないかもしれません。

たとえば重要な取引先との会食で緊張し、食事の味がわからなかった、まるで砂をかむようだった、という経験はありませんか。ストレスがかかった状態では、せっかくの料理も味が感じにくくなってしまうのです。

逆に好きな人と楽しく旅行をしているときは、乗り物に乗っていてもお弁当をおいしく感じませんか？　ストレスは、それほど味覚に影響を与えるものなのです。

2つめの理由は、1つめのストレスともつながることですが、聴覚への騒音刺激です。

ある大学の実験によると、人間が不快に感じる音は人工の音なのだそうです。たとえば道路の騒音、金属がこすれる音、エンジン音、地下鉄の音……そして自分が今まで聴いたことのない音、嫌いな音楽に対しても、不快に感じます。エンジン音や空気の抵抗音が合わさった飛行機の騒音は、不快を感じる音の最たるものと言えるでしょう。

私たちは不快と感じる音を聴くと、耳の働きが鈍り音が聴こえにくくなります。

これは自分の身を守るためでもあります。耳のなかにある小さな3つの骨の筋肉が萎縮し、不快な音を聴こえにくくすることで、生命の働きを守ろうとします。

自分にとって害のある不快な音の影響を受けにくくし、音からくるストレスの影響を防備しているのです。そして、聴覚と味覚の神経はつながっているため、聴覚への不快な刺激が、味覚の低下につながっていくというわけです。

不快な音を聴き続けると体が緊張し、無意識に体に力が入り、体力を消耗します。ボリュームを上げてアップテンポの音楽を聴いたり、映画を何本も観て気を紛らわそうとすると、体の調整系の役目をしている自律神経の交感神経のほうが優位になってしまい、眠れなくなってしまいます。

そんなときには体が心地よいと感じる音、これからお話しする自然の音、ナチュラル・オーガニック・サウンドを聴くのがおすすめです。

ひとつの例として飛行機の騒音をあげましたが、私たちの日常生活でも、都会のあちらこちらには不快な音があります。電車や車の騒音、工事の音など、毎日暮らしているだけで、無意識のうちに不快な音を浴び続け、知らず知らずにストレスにつながっています。

音からくるストレスは、思っている以上に私たちに影響することを、まず知っておきましょう。

耳栓をしても騒音はなくならない

ここで質問です。音は体のどの部分で聴いていると思いますか?

小学生でもわかる質問だと思われるかもしれません。でも実は、答えは「耳」ではないのです。正確に言えば「耳だけで聴いているわけではありません」。

音は、全身で聴いているのです。

たとえば、飛行機の騒音や不快な音から身を守るために音を聴かなければいいと、耳栓をしたとします。すると騒音が聴こえなくなってストレスもなくなるかというと、そうではないのです。

大音量のコンサートで、耳をふさいでも音の振動を体で感じた経験はありませんか?

耳だけシャットアウトしても不十分で、人間は体全体で音を聴いているのです。

もちろん、日常生活で考えられないような大きな騒音があるような職場環境などでは、耳を守るためにも耳栓は必要でしょう。しかし機内の騒音レベルなら、耳栓をするよりもむしろ快適な自然音で、音の環境を心地よいものに塗り替えていくほうが効果的です。

これは、本来体が持っている力を高めるために、自然のエネルギーに満ちたいいものを取り入れていくという考え方です。食事と同じと考えるとわかりやすいかもしれません。体の機能を高めるために、ビタミンやミネラルなどの豊富なオーガニックの野菜を取り入れるのと同じように、自然の音を耳から取り入れることによって、体にいい刺激を与え、本来持っている働きを高め、疲れにくい状態をつくるのです。

都会で暮らしていれば、今聴こえる騒音を排除するのはまず難しいでしょう。それならば、自然の心地いい音で環境をととのえるのです。

環境音楽の作曲家ブライアン・イーノは、

「音楽は時間とともに変化する空気の彫刻のようなもの」

と言っています。音で心地いい空気の彫刻をつくるのです。自分の空間を気持ちのいい音で包み込み、いい音を浴び続けることによって、ストレスは徐々に薄れていくでしょう。

いい音で部屋を満たすことは、空気清浄機と同じだと私は思っています。実際、私の仕事場では、自然音のCDを24時間かけたままにしています。そうすることで、部屋がすがすがしく、心地いい環境に保たれます。乗り物などの移動中ならば、疲れやストレスから身を守るという意味でも、ヘッドホンで自然の音を聴き続けるといいでしょう。

私自身がいつも経験していることですが、飛行機に長時間乗るときにヘッドホンで自然音を聴き続けると、時差ボケがなく、フライト後の疲れを感じることもなく、体調がすこぶるいいので、その後の仕事の打ち合わせもスムーズに進みます。

自然の音は、たとえヘッドホンで聴いていても、眠りを妨げないどころか、むしろそのままぐっすり眠ることができます。出張や旅行などで移動の多い人は、疲れにくい体をつくるために自然音を聴き続けることをおすすめします。

音は空気中より水、骨のほうが伝わりやすい

不快な音、騒音、心地いい音、自然音……ここまでさまざまな「音」について述べてき

ました。では、一体「音」とは何なのでしょうか？

ここで、「音」について少しお話ししておきましょう。

私たちの日常生活は、あらゆる音に囲まれています。静かな部屋にいても、耳を澄ませば小鳥のさえずりや遠くの車の音、エアコンの音などが聴こえています。目に見えない音ですが、だからこそ、私たちの体に影響を与え続けていると言えるでしょう。

音は、ものが動き振動することによって生まれます。たとえばハープやチェロなどの弦楽器は、弦が振動し往復運動を繰り返すことで音が生まれます。また手を叩くことや、私たちの発する声や笛を吹くことでも音は生まれます。

音は波として周囲に広がります。たとえばハープの弦が振動したとき、接する空気に圧力の高い部分と低い部分が生まれます。これが波として空気中を伝わり、まわりに広がっていきます。たとえて言うなら、池に小石を投げ込んだときに、輪のようにさざ波が広がっていくイメージです。

これが音波です。音波の波は、頂点から次の波の頂点までの長さが、低い音であれば長く、高い音であれば短くなります。そして、空気、木、金属、骨、水など、さまざまな物質のなかを波として伝わっていきます。

ただ、伝わる速さはそれぞれ違います。音波の伝わる速さは空気中では秒速340メートル、水中では早くなり秒速1500メートル。金属や骨などの固体ではさらに、秒速5600メートルもの速さで伝わります。骨伝導タイプの携帯電話の商品が出ていますが、これも骨に伝わる音波を利用し、音を伝えるロスを少なくしようとしたものです。

体の中心に骨があり、約70％が水で構成された人体は、音が伝わりやすい媒体です。つまり、私たちの体は音の影響を受けやすいものなのです。

音はその高さを表す「周波数」をヘルツという単位で、またその大きさを表す「音圧レベル」をデシベルという単位で数字にして表現することができます。

では、周波数についてお話ししましょう。

音が振動する往復運動の一周期を1サイクルとし、その1秒ごとのサイクルを周波数と呼びます。単位はヘルツ（Hz）で、1ヘルツは1秒間で1回振動する音です。

自然界の音は、1ヘルツ～数百万ヘルツといったかなり広い範囲で存在しますが、人間の耳が「音」として感じとれるのは、20ヘルツ～2万ヘルツまでの限られた範囲の帯域の振動で、一番聴き取りやすい音の周波数は500ヘルツ～4000ヘルツだと言われています。ただ、20ヘルツ以下の音は耳では聴こえませんが、体で感じることがあります。

空気中より水中、骨のほうが音は速く伝わる

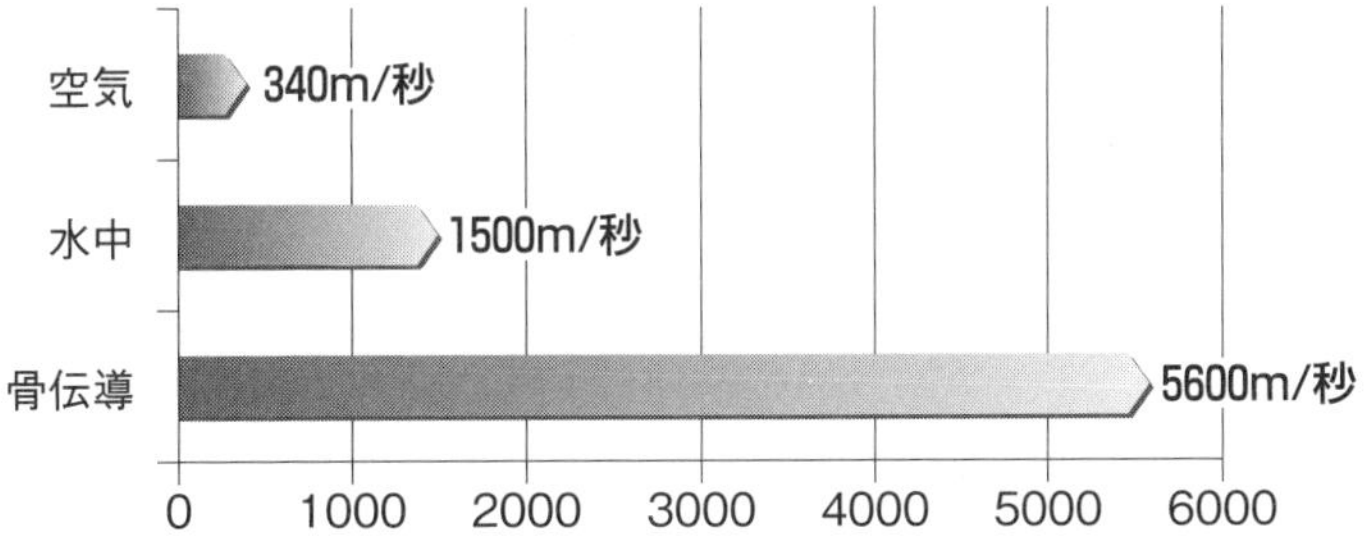

音は空気中を秒速340mの速さで伝わり、水のなかでは秒速1500mの速さで伝わる。骨のなかではさらに速くなり、秒速5600mとなる。

子どもたちは2万ヘルツ以上の音を聴くことができる場合もあるようですが、高い周波数は年齢とともに聴こえにくくなり、老齢になると、1万ヘルツ以上の音はだんだん聴こえにくくなってきます。

人間に比べて犬や猫など動物の可聴範囲は広く、とくにコウモリやイルカは20万ヘルツ近くまで知覚することができます。自閉症の子どもたちがイルカと泳ぐことで症状が改善するドルフィンスイミングも、イルカが発する高い周波数の音が、耳からは聴こえなくても子どもの脳に刺激を与えることが理由だと言われています。

人間は高い周波数の音は頭に共鳴し、低い音では体に響きます。

たとえば小鳥のさえずりや小さな鈴の音は周波数が高く、朝の目覚めを促します。また、お腹に響く

太鼓の音やチェロのような落ち着いた低い音は、緊張した体をリラックスさせる効果があり、同時に感動や陶酔感をもたらします。

ＳＴＥＰ２で紹介する、私たちが開発した体感音響システムも、この低い周波数が体をリラックスさせる効果を利用してつくられたものです。

耳は「聴くべき音」を選択している

音を聴くということは、実はさまざまな処理を脳がおこなっています。

好きな音楽をヘッドホンで聴くとき、ＢＧＭとして聴くともなしに音を流しているとき、遠くの人の話を聴こうとする場合など、いろいろな状況があります。

たとえばこんなことはありませんか？

・まったく興味のない授業や講演会で、目は話している相手のほうを見ているのに、内容はまったく耳に入ってこない。

耳の構造

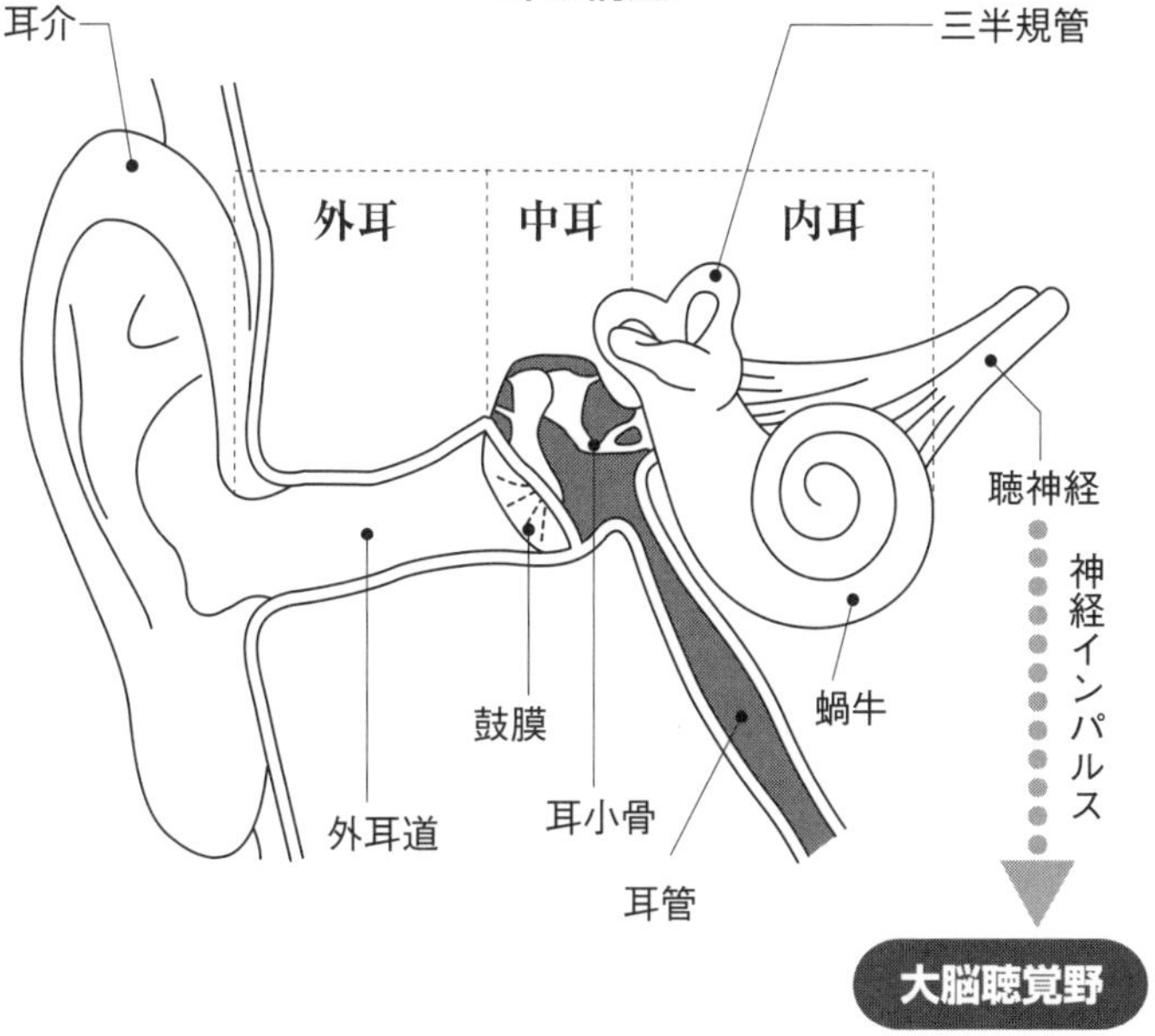

・雑踏のなかを歩きながら夢中で会話をしていると、まわりの音が聴こえなくなる。
・同じ状況で雑踏のなかで話をしているのに、後ろから自分の知っている人の声が聴こえるとパッと振り向く。

私たちの脳は、潜在意識下で、聴くべきものを選択しています。音は空気の振動ですから、基本的にはいつでも同じように伝わるはずにもかかわらず、です。

耳の構造で説明しましょう。

耳の外にある耳介《じかい》が音波を集め、

集められた音はゆるやかなカーブを描く外耳道に送り込まれ、鼓膜を振動させます。この振動は、中耳の3個の耳小骨《じしょうこつ》に次々に伝わり、内耳にある蝸牛《かぎゅう》と呼ばれるカタツムリのような形をした器官に伝えられていきます。

蝸牛はリンパ液で満たされていて、音は液体のなかを伝わります。リンパ液に伝わった振動は、神経細胞を刺激し、神経インパルスという信号になり、聴神経を伝わって、大脳の聴覚野に到達します。この聴覚野で選択がおこなわれます。

伝わってきた信号を分析し、ストックしてある音の記憶と比べます。ほとんどのプロセスが潜在意識下でおこなわれ、潜在意識が重要だと判断した音が、注意を引くべく選ばれ、はじめて音として聴こえるというわけです。

つまり私たちは、空気の振動として発生した音の波が、耳の奥の神経に伝えられ、脳に伝達されてはじめて音として認識し、「聴こえた」と感じているのです。

ただ一口に音を聴いているといっても、潜在意識下での選択が瞬時になされているからこそ、必要のない音は聴こえず、必要な音だけが音として聴こえてくるわけですね。

美空ひばり、マイケル・ジャクソンが愛される理由

先にチェロやハープなどの弦楽器の音の話をしましたが、人間も、すばらしい楽器のひとつです。

人が聴いて心地よく感じる音、それは人工的な音ではなく、自然の音。人が発する声も、決して人工では出すことのできない音のひとつです。

胸に手を当てて、「あー」と声を出してみてください。手に振動を感じると思います。声が振動として伝わり、全身に響いている証拠です。人間も楽器と同じように、体全体を共鳴させ声を出しているのです。

ただ、同じ人間でも、声は人それぞれ違います。人の声のなかでもとくに、聴いていて心地よく感じる声があります。実は、人気のある歌い手さんの声には、無意識に人が魅かれてしまう理由が隠されているのです。

美空ひばり、宇多田ヒカル、松任谷由実、マイケル・ジャクソン――どれも多くの人が

聴き、人気のある歌い手さんたちです。

彼、彼女たちの声に共通しているのは「倍音」です。歌がうまい、曲がいいという以前に、今あげた歌い手さんたちの声には「倍音」があります。

倍音とは、基本となる音の周波数の倍の周波数を持つ音のことです。100ヘルツの音の倍音は200ヘルツということになります。

たとえばピアノで一番低い音階の「ラ」の鍵盤を押します。この周波数は27・5です。次に1オクターブ高い「ラ」の音の周波数は55。さらにそこから1オクターブ高い「ラ」の周波数は110、というように、周波数を2倍すると1オクターブ上がります。

つまり元の音の倍の音は、元と同じ音（高さは違う）になります。高い、低いの差はあっても同じ「ラ」の音に違いはありませんが、倍音が加わることで、美しく自然な音色ができるというわけです。

鍵盤の「ラ」を押せば、それは間違いなく「ラ」の音です。しかし、普通に聴いているだけではまずわからないものなのですが、実際は「ラ」の音以外にも、いろいろな音の波が混ざっています。

楽器によっても、その音色のなかに、その周波数に対する倍音が入っているため、その楽器特有の味が出るのです。ピアノやアコースティックギター、トランペットで同じ「ラ」を弾いても、それぞれに倍音が入っています。

チェロはもちろん、このアコースティックな楽器には全部倍音が入っていますが、電話やチャイムなどの電子音には倍音は入っていません。テレビのなかで聴こえる電話の音と、本当に鳴っている電話が区別しにくいのは、倍音のない単純な音のせいです。自然の音には倍音が多く含まれているため、人は心地よく感じるわけです。

さて、話を歌い手さんたちに戻しましょう。

倍音がある声とは、簡単に言うと一度にたくさんの音が出ている声のこと。美空ひばりやマイケル・ジャクソンの声を改めて聴いてみても、「倍音が入っているな」とすぐわかる人は少ないと思いますが、私たちの耳は、意識しなくてもそれを聴き分ける力を持っているのです。だから彼や彼女たちの歌声に無意識に魅かれるのでしょう。

さらに言えば、前に述べたように、低く落ち着いた音は周波数が長く、人間の体に響くので安心感や感動をもたらします。美空ひばりやユーミンの声が比較的低く落ち着いているのも、決して偶然ではないのです。

倍音のある声は、声帯だけでなく骨格が大きく影響しているので、もって生まれたものと言えるでしょう。ただ、ボイストレーニングなどの訓練によって、ある程度倍音が出るようにはなります。しかし、最初に述べたように、人間の体を共鳴するひとつの楽器と考えると、もって生まれた骨格に代えられるものはないでしょう。

たとえばオペラ歌手には体格のいい人が多いと思いませんか。生であれだけの大きな声を出すにはやはり、それなりの骨格が必要なのです。とくに自分の生の音だけで歌う人の場合は、体内の骨伝導で骨を振動させて歌うわけですから、骨格が重要になってくると言えます。

川のせせらぎ音が耳に心地いいのはなぜ？

小鳥の音、小川のせせらぎの音、海の音、そして人間の発する声……これら自然の音は、人間にとって心地のいい音です。

自然音のなかにも、先に述べた倍音がたくさん入っています。自然のなかにいると気持ちがいい理由は、美しい緑や澄んだ空気や香りだけでなく、音の力も大きいと思います。

私たちは五感をすべて使って、自然を味わっていると言えるでしょう。

そして自然音のなかには倍音のほかにもうひとつ、体にとって心地いい自然のリズム、「ゆらぎ」があります。たとえば松の年輪、砂丘の波、海のさざ波など、これらはすべて、なんとなく平均的な動きをしているものばかりです。大きな波があり、表面に小さな波がある――これらはすべてゆらぎであると言えます。

ろうそくの炎の揺れ方や木漏れ日などの動きを思い出してみてください。ゆらいでいるという感覚がわかりやすいでしょう。あるいは、「60ビートで手を叩いてください」と言われて、その通りに叩いたとします。それでも約10％前後はゆらいでいます。

一言で言えば、ゆらぎとは、「機械的に一定ではない」ということです。人間は、このようになんとなく平均的で、決まった動きをしないものに心地よさを感じます。

人間の心拍もそうです。心拍は面白いもので、心拍のなかに大きなゆらぎと小さなゆらぎがあります。健康な人ほどそのゆらぎが大きくなります。反対に、病気の人や生命が残り少ない人の心拍になると、どんどんゆらぎがなくなっていき、メトロノームのように機械的になっていきます

人間はメトロノームのような機械的なテンポを心地よく感じないものです。音楽でもそ

うです。クリックなどで決められたテンポが先にあり、それに当てはめるようにつくった音楽を、本当は体はあまり喜んでいないのです。

むしろジャズやクラシックなど、少し早くなったり遅くなったり、みんながその場で合わせていくような音楽を、体は心地よく感じます。

演歌歌手がこぶしをならしたり、ジャズ歌手がリズムをずらして歌ったり、ビブラートをきかせるなど、人間の声はゆらぎの宝庫と言えるでしょう。先に述べた歌手の方々の声も機械的に一定ではなく「あー」と声を出せば、その音が大きく、また小さくゆらいでいます。

もちろん、小川のせせらぎもそのひとつです。とくに水が流れる音は、人間にとってもっとも安心できるゆらぎの音のひとつと言えるでしょう。

地球の生命は水から誕生しました。微生物が進化して植物になり、両生類になり、動物になるという、地球の30億年もの生命の歴史は水の歴史そのものです。胎児もお母さんのお腹の羊水という水のなかで育ちます。だから水の音を聴くと人間は安心するのかもしれません。

本書に付録として付いているCDも、屋久島に流れる川のせせらぎの音がメインになっています。聴くとなぜかほっとして、意識して聴かなくても流しているだけで体が喜ぶ自然そのものの音です。

本来なら山や海など自然のなかに行き、じかに全身で自然を味わうのがもっとものぞましいのですが、ＣＤ化した自然の音を聴くだけでも、私たちの体は喜びます。ＳＴＥＰ３で詳しく説明しますが、慌しい毎日のなかで疲れたときに、ぜひ聴いてみてください。

私たちは「癒しの音」を記憶している

胎児がお母さんのお腹のなかで水の音を聴いている、という話をしましたが、胎児は、ある意味大人よりも音に敏感かもしれません。

胎児は、だいたい4カ月半くらいから耳が機能しはじめます。その頃からお母さんのお腹のなかで、羊水の水の音や、お母さんの心臓の音を聴いて育ちます。

ではそれ以前は聴こえていないのかというと、そういうわけではありません。受胎した段階から音の影響を受けています。

後で述べますが、耳を持たない植物でさえも音に反応し、音の影響を受けています。つまり、植物でさえも音に反応するわけですから、人間も細胞の段階からその音の情報を受け取っていると考えられます。

母親の胎内は、生命がまだ海のなかにいた時代を再現すると言われます。羊水は海水そのものであり、まさに「母なる海」でもあります。胎児は、地球の30億年の生命の歴史を、わずか十月十日ですべて体験します。お母さんの心音を聴きながら、生物の過去から現在までの進化の過程を体験し、最終的に人間という形に形成されていくのです。

お腹のなかは静かなイメージがあるかもしれませんが、24時間、絶えずお母さんの心臓の音が70ビート前後の安定したリズムでトン、トンと聴こえています。その上に羊水の音、食物が消化される音、お腹の外から聴こえてくる音など、胎児は音の世界に包まれて成長していると言ってもいいでしょう。

何でも目で見てしまうために、つい視覚に頼りがちな大人と比べて、全身を使って感じ、特に音による刺激に敏感な胎児のほうが、実は何でもわかっているのかもしれません。

「胎教」という言葉がありますが、胎児期に心地のいい音をたくさん聴かせることは、人間の人格形成にとてもいい影響があります。

お腹のなかは胎児にとって、もっとも安心できる場所です。温かくて、へその緒から栄養を受け取り、酸素が与えられる、最高の環境のなかで、外界からも守られています。その心地よい環境のなかで、受胎から産まれるまで、胎児は心音に包まれたときを過ごします。出生後はその安定したリズムの心音が聴こえなくなり、不安定な音の世界に放り出されていくことになります。

羊水は、音波が伝わりやすい媒体ですから、音はよく聴こえ、そのなかで胎児は音を全身で聴いています。なかでももっともよく聴こえる母親の心音は、安心できる環境の音として潜在意識のメモリーのなかに蓄えられていきます。心音が安心する音であるのは、すべての胎児に共通しているわけですね。

このことを確かめた実験があります。コーネル大学の小児心理学博士であるリー・ソルク先生らのグループが、新生児１０２人に安定した大人の心音（１分間に72ビート、85デシベル）を休むことなく聴かせました。

すると、心音を聴いた新生児たちの70％はミルクをよく飲み、体重が増えました。つまり、泣いている時間が少なく、安心している状態だったことがわかったのです。

また一方、不安定で早いリズムの音（１分間に１２８ビート）を聴いた新生児は眠れなくなり、泣き続け、さらにその後の成長に大きな影響を与えることがわかりました。

潜在意識のメモリーに蓄えられたこの記憶は、大人になってからも消えることはありません。ゆったりと安定した音を繰り返し聴くことによって、大人も安心し、やすらぎを感じます。たとえば盆踊りの音頭や民謡など日本に古くから伝わる音楽は、心音に近いゆったりと安定したリズムです。私たちがおこなっているサウンドヒーリングも、この心音のリズムを基本にしています。

サウンドヒーリングでは、そこに音の振動によるマッサージ効果が加えられます。音の振動によるマッサージとは、ゆらぎのある細やかな音の響きによって、細胞レベルでマッサージされるということです。このとき同時に、安心感をもたらす音、心地のいい上質の音が伝わることで、体も心も癒されるというわけです。

無音ではかえってリラックスできない

人は一般に、静かな環境のほうがリラックスできると思われていますが、本当のところはどうなのでしょうか。

静かといってもレベルはさまざまですが、たとえばまったく無音の状態に身を置いた場合、人間は落ち着かなくなるものです。

胎児のときから絶えず音のある世界に身を置いている私たちは、まったく音のない世界では、不安を感じてしまうわけです。

極端に言えば、まったく音のない部屋、ゼロデシベルの状態の無音室などに目隠しをして入ると、人間は、不安を通り越し恐怖を覚えてしまいます。

私たちの心が落ち着き、静かだと感じるのは40～50デシベル程度の音のある世界です。これは静かな部屋や、コオロギが鳴いているようなレベルの音です。

まったく音のない部屋よりも、時計の音や人の話し声、虫の声、せせらぎの音がさらさら聴こえるなど、ある程度の音があったほうがリラックスできるものです。

想像してみてください。まったく知らない人と部屋に2人きりになり、その部屋が無音だった場合と、自然音や静かな音楽が流れている場合、どちらがリラックスして話せそうですか？

おそらく後者だと答える人がほとんどなのではないでしょうか。

人間は、音のない世界よりも、自然音のような心と体を癒す音を流すほうが、リラックスできます。「音は空気の彫刻である」と先に述べましたが、自分の寝室や居間など、生活環境をいい音でととのえるだけでも、心の疲れがとれていくのです、

しかし現代の私たちの生活はどうでしょう。便利になった反面、電車や車、人ごみ、テレビや携帯電話の音など、私たちのまわりは不調和な音に満ちています。

その環境を、せめて自分が住んでいる部屋のなかだけでも調和の音で満たし、心地いい音のエネルギーで空間を創造してみてください。

環境をととのえるという意味では、イヤホンやヘッドホンではなく、部屋のなかに音を流すほうが望ましいでしょう。

自然音なら、通常のボリューム音で流す程度なら他の人の迷惑になることはありません。

毎日の生活に「オーガニックな音」を取り入れよう

現代人は毎日忙しく、携帯電話やパソコンなどを日常的に使い、車や電車に乗り、テレ

ビを観たりと自然とは少し遠ざかって暮らしています。

人間は自然から生まれ、自然の一員であり、自然とともに生きるのが本来の姿です。ところが今のライフスタイルそのものが、便利で合理的になった分、人間を自然から遠ざけ、命の働きを阻害する要因が多くなってきました。

食べ物にしてもそうです。レトルト食品やファストフードをはじめ、食品添加物や防腐剤が入ったようなものを食べ続けるのは、本来は体によくありません。おいしく感じても、体は喜んではいません。自然の味から遠ざかった食生活を続けていると、やがて本当のおいしさがわからなくなってしまいます。

食品、衣類、化粧品、洗剤、電器製品……現代はありとあらゆるものが合理的でとても便利になりました。しかし一方で、人間がひとつの自然な生命体であることをまるで忘れてしまったかのようです。

地球の46億年の歴史のなかで、最初に生まれたのが微生物です。そこから生命の進化がはじまりました。今もさまざまな微生物によって、地球上のすべての生命は生かされています。もし、森の微生物が絶滅してしまったら、森は数百年で枯れてしまいます。微生物から植物が生まれ、動物が生まれ、やがて人間も生まれるわけですが、現代社会はその原点を忘れ、まるで人間だけが特別であるかのようにふるまっています。言い方は悪いですが、人間はまるで、地球上のガン細胞と化してしまっているようです。

生命は連鎖し、互いに助け合って生きているのに、人間だけがわがままに、自分の力だけで生きているようにふるまっているのが現代社会です。

少し話が大げさになってしまいましたが、しかし、その反動からと言うべきか、最近では自然のものへの関心が高まってきていることも事実です。

有機野菜や玄米食などのオーガニック食品や、天然由来の自然派ナチュラル化粧品など、オーガニックなものを求める人が増えてきています。

その背景にはエコや健康ブームもあるかもしれませんが、現代人は忙しい生活を送る一方で、体はちゃんと、本来の自然に近いものを求めているのですね。

いい素材のものを食べると、シンプルなものでも本当においしく感じます。自然のなかで食べると、なおさらおいしく感じたりします。

私が本書で提案したいのは、いい素材のオーガニックの食事を食べるように、オーガニックな音も体に取り入れてほしいということです。

食べ物や衣類、化粧品や洗剤などに関しては自然でオーガニックな、化学製品でないものを取り入れていても、まだ「音」に関しては同じような意識を持っている人は少ないでしょう。

自然から遠ざかっている現代人だからこそ、日常生活にもオーガニックな音が必要です。私はそれを、「ナチュラル・オーガニック・サウンド」と名付けました。

その自然の心地いい音をいつでも聴いてもらえるように、本書の付録として、「ナチュラル・オーガニック・サウンド in 屋久島」というCDを付けています。

ナチュラル・オーガニック・サウンドとは、いわゆるヒーリングミュージックとは違います。楽器は使わず、本物の自然の音のみを録音したものです。自然そのもののいい音を耳からだけでなく、体全体で聴いてほしいと思います。

先に生命のスタートは微生物から、と書きましたが、私たち人間の皮膚の表面、口のなか、体内など、体中に微生物は存在しています。その数は細胞の数より多く百兆個以上と言われています。

赤ちゃんはまだ体の抵抗力は弱いかもしれませんが、母親の産道を通るときにもらった元気な微生物を体の表面にまとうことで、体をばい菌から守っています。

赤ちゃんの体は約90％が水です。そして健康な大人では約70％、脳は75％が水であり、骨は22％、歯のエナメル質でさえ2％が水分です。私たち人間の体は、ほとんど物質的に水なのです。この水によって満たされた体は、何十兆個もの細胞の集合体でもあります。心地いいオーガニック・サウンドを聴くことで、心地いい音が風のように体のなかを通り抜け、私たちの体内の水と微生物にもいい影響を与えます。

また、体内の水や微生物だけでなく、音を生活空間に流すことは、空気中に40％近くある水分にも働きかけ、空気のよどみをとり、部屋の環境を快適に変えてくれます。

オーガニックな食事をとるのと同じように、自然のおいしい水を飲むのと同じように、オーガニックないい音を体に取り入れて、細胞に聴かせてみてください。オーガニックな音を体で聴くと、日中は物事に集中でき、夜は疲れがとれ、ぐっすり眠ることができるでしょう。

「音」には心と体を変える力がある！

ナチュラル・オーガニック・サウンド（自然音）を聴くと、心と体が癒されます。

「音で癒される」と言ってもなかなか実感が伴いにくく、まだピンと来ない人も多いと思いますので、ここで私たちがおこなっているサウンドヒーリングについて説明しましょう。

体にいい音を聴くことで、自分のなかに眠っている力を呼び覚まし、心と体を健康にする――これがサウンドヒーリングの考え方です。

だからと言って、いい音を聴いたからすぐ元気になる、といった即効性があるものではありません。

いい音を体に取り入れて、自分がもともと持っている自然治癒力を高めることで、ストレスに強くなったり、病気に負けない体をつくるものなのです。

「自然治癒力を高める」というのは、わかりやすく言えば、本来人間が持っている免疫力や代謝力、あるいは殺菌力といったものを高めて、肉体的な面だけでなく、精神面も強くしていくという考え方です。

今、多くの人がうつ病に悩んでいます。また、ガンや脳梗塞や糖尿病などの病気にかかる人も後を絶ちません。では、これらの病気の原因は何だと思いますか。

これらの病気は、風邪やインフルエンザのようなウイルスや細菌が原因ではありません。原因はライフスタイル（生活習慣）にあります。

オーガニック食品と同じようにオーガニックな音楽を取り入れてほしいと言った意味は、まさにここにあります。食べ物も、着るものも、環境も、そして音も、あらゆるものをより自然に近いものにする、体が本当に求めているものを取り入れ心と体を調和させる——すると、体は本来持っている姿に戻り、自然治癒力も発揮されやすくなります。

ライフスタイルを自然本来のものに変える方法はいろいろあるでしょう。なるべく朝早く起きて太陽の光を浴びる、散歩をして軽く体を動かす、夜は早めに寝る、——これだけでも確実に効果はあるでしょう。

その生活習慣のなかのひとつに、体にいい音も取り入れてみていただきたいのです。

前置きが長くなってしまいましたが、サウンドヒーリングの方法を具体的に紹介しましょう。

方法は3つあります。

1　ナチュラル・オーガニック・サウンド（自然音）を流す
2　体感音響システムを使う
3　ピースクリエイティング・ボイス（声）を出す

ナチュラル・オーガニック・サウンドについては、これまで説明してきた通りです。ぜひ本書の付録CD「ナチュラル・オーガニック・サウンド in 屋久島」を聴いていただきたいのですが、「音楽」だと思って聴くと、最初はびっくりするかもしれません。収録されているのは、いわゆるメロディーのある「音楽」とは違います。それだけに好き嫌いもなく、誰でもすんなり心と体に入ってくるはずです。どれだけ聴いても飽きることなく、他の好みの音楽やテレビやラジオの音と重ねて聴いても、まったく邪魔にならないのが特徴です。

もっと言えば「聴こうとしなくてもいい」のがナチュラル・オーガニック・サウンドなのです。

音を流しているだけで、なぜかほっとして、癒される人も多いと思います。これは水の音が、胎内にいた頃の記憶を呼び覚ましているとも言えるでしょう。

2番めの方法は、体感音響システムを使うこと。

体感音響とは、一言で言えば体全体で音を感じることです。体感音響システムについては、STEP2で詳しく説明しますが、ロケット工学の権威として知られる糸川英夫博士の「ボーンコンダクション理論」がもととなり、私が音と振動を伝える、手に持てる小型の体感音響システムを開発しました。

小さなクッションのような装置ですが、そこから音の振動が伝わり、施術を受けた人は気持ちよくて眠ってしまうほどです。もちろん、気持ちがいいというだけでなく、その効果は、数々の実験でも明らかになっており、体と心にいい影響があることがわかっています。

体感音響システムは、ホテルなどでリラクセーション目的に使われているだけでなく、ガン治療の補完代替プログラム（ＣＡＭ）にも取り入れられています。

最後にピースクリエイティング・ボイスについて簡単に説明しましょう。

方法は簡単です。平和や感謝や愛の言葉をゆっくりと長く、声に出すことです。声を出すということは、これまでにも述べてきた通り、自分の体に音の響きが伝わり、体を共鳴させます。自分自身の声ですから、体の内と外から、ポジティブでやすらかな言葉の音が響くことになります。

具体的な言葉や方法はＳＴＥＰ３で紹介しますが、音はまさに、天然の目に見えない食品のようなものです。音を取り入れ、音を感じ、音を出す――この３つがサウンドヒーリングの3本柱です。

日常生活をもっといい音で満たし、自然治癒力を高めていきましょう。

植物はサウンドヒーリングが大好き

音には、人間の心と体を癒す効果があることは、さまざまな研究や報告でも明らかになっています。なかでも自然音であるナチュラル・オーガニック・サウンドの効果は、人間だけに及ぶものではなく、植物にも驚くようないい影響を与えることがわかってきました。

その効果が明らかになった菊の花の実験をご紹介しましょう。

まず、菊の花を2束用意し、同じサイズの2つの室内で、採光、温度、湿度などの環境の条件もそろえます。菊の花は、量や葉の数などが同じものを8本ずつ、同じ透明の容器に入れ、水道水を1700ミリリットル入れておきます。

次に片方の菊の花には、本書の付録に付いているような屋久島で録音された自然音のCDを常時流し続け、もう一方の菊の花はまったく音を聴かせないままにしました。どちらも、水を換えたり補充することは一切しません。使用したCDプレーヤーも、ごく一般的なものにしました。

菊の花を選んだ理由は、茎の微生物により水が濁りやすく、水も茎も腐りやすい花だからです。さて、結果はどうなったと思いますか。

47ページの写真が、水を一切換えずに36日経過した後の菊の花です。

自然音を流したほうの菊は、1カ月以上たっているにもかかわらず、比較的生き生きしているのがわかると思います。一方、自然音のない室内の菊は、葉の一部は枯れていることがわかります。

また、残った水の色や、量の違いも歴然としています。自然音があるほうは、水が透明で量もかなり減少していて、茎の下のほうには、新しい芽まで出はじめていました。ところが自然音がないほうは、水が濁り、水の消費量が少なかったのです。

さらに49日経過した後では、自然音があるほうは緑色の葉も多く残った上に、水の量が減り、新芽も成長しはじめていて、生命力が維持されていることがわかりました。自然音がないほうは、葉がさらに枯れ、水に浸かった茎の部分はかなり腐り、水の濁りも激しくなっていました。

菊の花の実験

実験開始時

2束とも生き生きしている状態。

↑自然音なし　↑自然音あり

36日後

「自然音あり」のほうが水が減り、濁りがない。

↑自然音なし　↑自然音あり

49日後

「自然音あり」のほうは水がほとんどなく、茎から新芽が出はじめている。

↑自然音なし　↑自然音あり

このように自然音が植物に何らかのいい影響を与えた原因として、3つのメカニズムが考えられます。

ひとつは、自然音が植物に直接働きかけるメカニズムです。当然ですが、植物は耳を持ちません。植物が自然音をどのように受け取るのかはまだ解明中ですが、自然音が植物の一つひとつの細胞に直接働きかけ、細胞の再生能力を高めている可能性が高いと考えています。

2つめは、自然音が容器のなかの水に直接働きかけるメカニズムです。こちらもまだ解明中ですが、水に自然音を1時間だけ聴かせてその水の変化を分析したところ、その水の鮮度が1週間保持されることがわかりました。

3つめは自然音が容器のなかの水の微生物菌に働きかけるメカニズムです。自然音が水のなかの菌の善玉菌と悪玉菌の拮抗関係を保ち、悪玉菌によって水が腐敗するのを防いだのではないかと考えています。

いずれにしても、自然音に含まれる「ゆらぎの情報」が重要なカギを握っていると言えるでしょう。

CDには音の情報が記録されており、それがスピーカーを通して、さまざまな周波数を持つ細かい空気の振動になっています。その振動が植物の生命力や、容器内の水や微生物菌に働きかけたのではないかと考えられます。最近では、音楽が種の発芽に有効な影響を与えるという報告もあります。

さらに、もうひとつ、植物は自然音を好むということを証明する面白い現象があったので紹介しましょう。

51ページのポトスの写真を見てください。茎がどんどんスピーカーに向かって伸び続け、スピーカーの裏にまで巻きついています。

これは実験とは関係なく、たまたまポトスをスピーカーから少し離れたところに置いておいただけなのです。それなのに、わざわざスピーカーに手を伸ばすかのように茎が伸びていき、やがてはしっかりとスピーカーのネットカバーの裏にまでからみ付いてしまった例です。

なぜだと思いますか？　ポトスの茎が伸びることはあっても、わざわざ離れたスピーカーまで伸びてくる理由は普通では考えられません。

そう、考えられるのは、スピーカーから流れていたのが自然音だったことです。この現象には、驚くとともに、納得するしかありませんでした。

植物は、自然の音が好きなのです。そして、自然音から生命の働きを活性化する何らかの情報を、植物の細胞が受け取っているのだと思います。

私の事務所にも、植物がたくさんありますが、はじめて訪れた方は、みんな驚かれます。たくさんの植物が生き生きと育ち、葉を広げ、なかには壁をつたって天井まで届きそうになっているものや、長く伸びた枝がしなって支えきれず、ひもを使って支えているものもあるくらいなのです。

念のため、事務所はまさに都会の中心地。ごく普通の室内環境で、特別な装置を備えているわけではありません。ジャングルとまでは言いませんが、普通の部屋でこれだけ緑が生い茂っているのも珍しいかもしれません。

理由はただひとつ、24時間、屋久島の自然音のCDを流しっぱなしにしていることです。夜、事務所から帰るときも、自然音を流したままにしています。

音によって発生した細やかな情報を植物が受け取り、その細胞一つひとつを活性化したのでしょう。

面白いことに、典型的な動物細胞と植物細胞を比較すると、その主要な細胞内の構造はとてもよく似ています。輪切りにすると、ほとんど同じに見えるかのようです。その違い

スピーカーに芽を伸ばしたポトス

ポトスの枝先が自然音を流し続けているスピーカーのほうに伸びている。

ネットカバーを開けると、枝がしっかりとからみ付いていた。

は生きるためのエネルギーを、動物細胞はミトコンドリアが、植物細胞は葉緑体が担当してつくり出している点でしょう。

音の波は細胞レベルのサイズにも影響を与えています。人間をはじめとした動物も、植物も、同じように細胞レベルで心地のいい音の振動を感じとっているのではないでしょうか。

自然音には、機械的な人工音にはない、生命エネルギーに作用する独特のゆらぎがあるのでしょう。

自然音＝ナチュラル・オーガニック・サウンドの癒しの効果は、対象が人間の場合、聴いている本人の暗示による効果の可能性も捨て切れませんでした。しかし、暗示に左右されない植物を使った実験によって、癒しの効果が暗示によるものではないことも証明されました。

音には、人間の心と体はもちろん、植物や微生物も元気にする効果があるのです。

Column

自然音を聴きはじめた日からぐっすり眠れた！

ナチュラル・オーガニック・サウンドのCDを聴いた方から、さまざまな嬉しい報告をいただいています。そのなかのいくつかを紹介しましょう。

CDを流すときは、できるだけ、一日中止めずにかけておいていただくようにしています。意識しないで自然の音を体に浴びているだけでもいいのですが、一日に2回程度は、意識的に聴いてもらうようにしました。

寝つきがわるかったという30代の女性は、CDをかけたところ、その日はすぐに眠りにつくことができ、ぐっすり眠れたと言います。体の緊張がほぐれていく感じがしたそうです。最初は、あまりにも深く眠ってしまって、翌朝はなかなか起きられず、遅刻しそうになったとのこと。しかし、その日以降は、疲れもとれて楽に起きることができたそうです。

また、約20年間、パニック障害、更年期障害、アレルギー皮膚炎などさまざまな症状に悩まされていた女性は、ナチュラル・オーガニック・サウンドのCDを流しはじめた日から、十数年にわたって毎晩うなされ続けた悪夢から解放され、2、3日後には楽しい夢に変わったと言います。朝の目覚めも晴れやかになったと、とても喜んでいます。

ナチュラル・オーガニック・サウンドには、平和のエネルギーが含まれているような気がしています。小さいお子さんがいる家庭で24時間CDを流したところ、いつもテレビばかり見ていたお子さんたちが、食事中はテレビを消し、家族の会話が増えたそうです。また、子どもたちの寝つきもよく、ぐっすりと眠るので、健康になり、以前よりも子どもたちに活気が出てきたように感じるとの声もありました。

大人のみならず、子どもにも、ナチュラル・オーガニック・サウンドの心地よさは伝わります。むしろ、胎児のときの母親の胎内の記憶が新しい幼い子どものほうが、自然に受け入れることができるのかもしれません。

STEP 2

音は「体で聴く」と元気になる!

体感音響で体が変わる、心が変わる

「セロ弾きのゴーシュ」は実話だった!?

詩人としても有名な宮沢賢治の童話、「セロ弾きのゴーシュ」をご存じの方も多いと思います。実はこのお話には、サウンドヒーリングの原点と言ってもいいようなエピソードが含まれているのです。「ゴーシュ」を読めば、サウンドヒーリングの効果を説明するまでもないほどです。ストーリーを簡単にご紹介しましょう。

町の楽団でセロ（チェロ）を弾くゴーシュは、演奏が下手でいつも楽長に怒られてばかりいます。夜な夜なひとりでセロの練習をしているゴーシュのもとに、毎晩のようにカッコウや狸、野ねずみといった動物たちが訪れ、あれこれ理由を付けてはセロの演奏を依頼します。どうやらゴーシュのセロをそばで聴くと、元気になったり病気が治ったりするらしいのです。そんな経験を経た後の音楽会本番で、ゴーシュのセロは大絶賛を浴びた、というお話です。

このなかで注目してほしいのは、なぜ、いろいろな動物たちが毎晩訪れ、ゴーシュにセロの演奏をせがんだのかということです。

動物たちは、ゴーシュのセロの演奏を聴くことで元気を取り戻し、病気が治っていきます。ごうごうと鳴らすセロの音を床下で聴くと、病気が治るという噂が動物たちの間で広まり、毎晩訪れてきたのです。

野ねずみにいたっては、セロの孔《あな》のなかに入って演奏を聴いています。野ねずみはこう言います。

「セロの音を床下で聴くと体中の血の巡りがよくなって、いい気持ちになり、すぐに治る方もあれば、家に帰ってから治る方もいます」と。

最初は、病気など治しているつもりはない、私は医者などできないと否定していたゴーシュでしたが、こう問い直します。

「おれのセロの音が響くと、それがあんまの代わりになって病気が治るのか」と。

セロの孔に入り、セロの底で演奏を聴いた後、野ねずみは、目をつぶってぶるぶる震え、しばらくすると元気に起き上がって走り出します。すっかり元気になっていたのです。

そしてゴーシュに感謝して帰っていきます。

いかがですか？　これこそまさに、サウンドヒーリングの様子をそのまま表していることに他なりません。

ＳＴＥＰ１でも楽器の話をしましたが、楽器はそれぞれ出す音の周波数が違います。なかでもチェロは、低い音の出る楽器です。高い音は、意識を覚醒させ、緊張感をもたらすものですが、チェロのような低い音は、人間や動物に安心感と感動を与えます。

ゴーシュの家は、おそらく木でつくられていたでしょう。木は物体の振動が伝わりやすいので、床にチェロの音を響かせると、とてもよく響き、振動していたと思います
夜な夜な床下にやってきた動物たちは、チェロの振動を浴びることで体がマッサージされ、血液の循環がよくなって病気が治り、元気になって帰っていったのではないでしょうか。

体で浴びる音の振動、つまり周波数は、１秒間に60回、80回といった非常に細かい波です。動物も人間と同じように、細胞内に水をたたえています。音の振動で、細胞内の水も振動するので、細胞レベルのマッサージがおこなわれ、体液や、血液がきれいになったのでしょう。チェロの音でリンパの流れもよくなって老廃物が排出されたために、病気が治ったのではないでしょうか。

賢治は、実際にチェロを弾いていたそうです。

「セロ弾きのゴーシュ」は、賢治が想像でつくった童話かもしれませんが、おそらく体験的に、チェロが体にいい影響を及ぼすことを知っていたのだと思います。

演奏している当事者ですから、まわりで聴いている以上に、効果を感じていたかもしれません。それを、こんなに素敵な童話にしてしまう賢治は、つくづく稀有な作家だと思います。

人間は耳だけでなく体でも音を聴いている

宮沢賢治は体験的に音が体と心に及ぼす影響を知っていたことを紹介しました。

そもそも音は、耳だけで聴くものではなく、振動として体でも感じているからこそ、すばらしい効果があるのです。

宮沢賢治が「セロ弾きのゴーシュ」で教えてくれた音の効果に同じように気づき、科学的な解明に導いた人がいます。それがロケット工学の権威として知られる糸川英夫博士です。糸川博士が発表した「ボーンコンダクション理論」は、後にサウンドヒーリングに欠かせない、体感音響システムをつくり出す出発点となりました。これからそのお話をしましょう。

糸川博士は宮沢賢治と同じく、チェロ奏者でもありました。あるとき、糸川博士は、演奏をしながら感じているチェロの音と、スピーカーから聴こえるチェロの音が違うことに気づいたのです。

どんなにいいスピーカーで聴いても、これはチェロの原音ではない、と感じた糸川博士は、音響機器メーカーの知人に言いました。

「原音に忠実なスピーカーというけれど、原音とは違うよ。原音はもっと音が濁っていて、もっと振動がある。振動も感じとれるスピーカーをつくらなければ、本当ではないよ」

この一言が、すべてのはじまりでした。そして博士は１９７２年に「ボーンコンダクション理論」を打ち出されたのです。

ボーンコンダクション理論とは次のような理論です。

楽器を演奏する人は、耳から聴く音、そして体で振動として聴く音の２つの音を同時に聴いています。つまり、普通に音楽を流して耳から聴く場合は、空気中を伝わってくる音を聴きます。それに加えて、演奏をしている人は、楽器を持つ手や、楽器を抱える体を通して、楽器から直接振動として伝わる音も感じています。

音楽を聴いて真に感動するのには、この直接体に振動として伝わることが大事です。バイオリニストはあごでバイオリンを支えて、恍惚とした表情で演奏をしていますが、これはバイオリニスト自身があごの骨に、バイオリンから直接伝わる振動音、つまりボーン（＝骨）コンダクション（＝伝導）を感じているためなのです。

バイオリンやチェロなどのアコースティックな楽器はこれが顕著です。電子楽器などの電子音には、スピーカーから音波として届く音しか伝わらないので、演奏するほうも聴くほうも、満足するために大きな音量がほしくなるのです。

そう考えると、ボーンコンダクションですばらしい音を感じるには、弦楽器の演奏者にならなければ不可能のように思われるかもしれません。しかし、糸川博士が音響機器メーカーに話したことがきっかけとなって、ボーンコンダクションを再現するスピーカーが開発されたのです。

それがこの後お話しする、私たちが開発した「体感音響システム」のもととなっています。

骨伝導で音が聴こえるしくみ

最近では骨伝導のヘッドホンやイヤホンも発売されています。耳穴をふさぐことがなく音楽を楽しめるので、外部音を一緒に聴くことができるなど安全面でもメリットが多いイヤホンもあります。

骨伝導タイプの携帯電話をご存じの方も多いと思います。これも、鼓膜を介さずにダイレクトに音が聴こえるので、雑踏のなかなどで電話をかけるのに便利です。

通常、音が鼓膜に到達すると、振動となって蝸牛と呼ばれる耳の内部器官を通って聴覚神経へと伝わっていきます。一方、骨伝導は、鼓膜を介さずに直接この蝸牛に振動を伝えるため、鼓膜に音が到達しなくても聴こえるというしくみです。

このしくみを自分で確かめる方法があります。

まず、耳を両手でふさいでみてください。外の音が聴こえなくなりますね。その状態で「あー」と声を出してみます。外の音は聴こえないのに、自分の声だけは聴こえます。これは、鼓膜を介さずに、ダイレクトに蝸牛に音が届いているからです。

また、自分の声を録音して改めて聴くと、いつも話しているときに聴く自分の声と違って聴こえます。これは普段自分の発する声が、空気から伝わり鼓膜を介して聴く音と、骨からダイレクトに蝸牛に伝わって聴く音の2つを同時に聴いているからなのです。

私たちは毎日、自分の声をボーンコンダクション＝骨伝導で聴いているのです。

「セロ弾きのゴーシュ」の話に戻りますが、動物たちが元気になったのは、音が病気を治したというよりは、音の響きが動物の体、つまり水と骨に振動して体の働きを活性化したからだと言えます。動物や人間の体は大部分が骨と水でできていますから、音の振動が伝わりやすいのです。

STEP1でも紹介しましたが、音の波が伝わる速さは空気中では秒速340メートルです。しかし、水のなかでは秒速1500メートルにスピードアップされ、さらに骨のなかだと秒速5600メートルになります。

音は体液や骨を通すほうが、速く伝わります。ボーンコンダクションは体のなかで音が一番伝わりやすい媒体、つまり骨を通して音を伝えますから、音が伝わりやすいのですね。

伝わりやすいということは、音が減衰しないということ。たとえば、糸電話で音が伝わるのも、音が減衰しないから伝わるのです。

この減衰しない音が確実に速く体内に伝わることによって、動物たちが元気になったように、人間の心と体にいい影響を与えることができる。それを効率的におこなうものとして開発されたのが、体感音響システムなのです。

音を「体で聴く」4つの方法

チェロは、楽器のなかでも低い音に分類されます。繰り返しになりますが、人間の身体は、高い音は頭に共鳴して覚醒や緊張をもたらし、低い音は体に響きます。

映画『タッチ・ザ・サウンド』（2004年・独）で話題となり、聴覚障害を持ちながら二度もグラミー賞を受賞したパーカッショスト、エヴェリン・グレニーは、自分の演奏する音と伴奏者の音を確認する方法として、自分自身の体に伝わる音の振動を使い、次のように言っています。

「私はマリンバを演奏するとき、低音は床を通じて下半身で、中音は胴体で、そして高音は頭部で感じる」

やはりここでも、低い音は体で感じるようにできていることがわかります。

私たちの経験からもこのことがわかると思います。目覚まし時計の高い音は頭に響く音ですね。一方、和太鼓のような低い音をよく「腹に響く」と言います。

高い音は覚醒するのと同時に緊張や注意を促すと書きましたが、低い音のほうは、体を内側から弛緩《しかん》させるのに効果があり、同時に感動や陶酔感をもたらします。特に周波数でいうと150ヘルツ以下の音は耳より体で感じやすく、太鼓やチェロの音が得意とする帯域も、この150ヘルツ以下です。

音を体で聴くことを、私たちは「体感音響」と読んでいます。音を体で、つまり体内の水や骨に響かせ、体で感じることにより、体と心を元気にする方法です。

この体感音響を発生させるには、大きく分けて4つの方法があります。

1　声を出す

2　大音量で音を再生する

3　アコースティックな楽器を演奏する

4　体感音響システムを使う

日常生活でできそうなことと、そうでないものがある、と思われるかもしれません。それぞれにメリット・デメリットもあります。では、その方法について説明しましょう。

声を出す

自分の声を出すこと自体がボーンコンダクション（骨伝導）であることは、すでに説明した通りです。声を出したとき、自分の胸に手を当てると振動を感じるように、声を出すことで全身が共鳴します。

ですから、カラオケは健康にいいというのは本当ですね。声を出すことで、自分の体の細胞の一つひとつに音を響かせているのですから。

また、カラオケにはセロトニン神経を活性化させる働きがあるので、ストレス解消にもおすすめです。後ほど説明しますが、セロトニンは脳内にある神経伝達物質で、セロトニン神経が活性化するとセロトニンの量が増え、ストレス耐性が高まるのです。

声を出す身近な方法としてカラオケを紹介しましたが、体感音響を効果的に発生させ、心も体も元気にする方法に、心を澄ませて長く声を出す方法があります。声に出す言葉（単語）は、平和や喜びに満ちたものを選びます。これを私たちは「ピースクリエイティング・ボイス」と呼んでいます。

ＳＴＥＰ３で具体的に紹介しますが、声を出すことは、自分の体を振動させ、自分の全細胞を活性化する、もっとも簡単な健康法です。

大音量で音を再生する

音楽を聴くときに大きなスピーカーを使って大音量で音を流す方法です。大音量で流すことによって、空気を震わせて耳から鼓膜を通して音を聴き、同時に空気の振動を体で感じることができます。大音量にしてヘッドホンで聴くだけでは、体感のほうが足りませんので、空間に流す必要があります。

ライブハウスなどでは、そこにいるだけで体で音の振動を感じたことがある方もいるでしょう。コンサートで大きなスピーカーの近くの席で、音の振動を感じることもあります。

ただ、この方法は、家庭でおこなうと、ご近所に迷惑をかけてしまいます。

アコースティックな楽器を演奏する

これは、「セロ弾きのゴーシュ」や糸川博士が自ら経験したように、チェロやギター、ビオラ、バイオリンなどの弦楽器や、太鼓、笛、ピアノ、管楽器などを演奏することで、演奏者自身が体感できます。楽器を演奏しながら、発振している音源と一体になります。

しかしこれも、アコースティックな楽器を演奏しなければなりません。また楽器を弾くのはいつでもどこでもというわけにはいきませんし、前項同様、騒音対策も必要になってきます。

体感音響システムを使う

最後に紹介するのが体感音響システムを使うことです。

私たちは、糸川博士のボーンコンダクション理論をもとに、体感音響の開発をはじめました。その目的は、心地よく体に響く低い音を振動として再現することでした。そして、1992年に手技療法として使える体感音響装置を考案し、さらにそれを小型化して手に持てる体感音響システムとして開発しました。

この小型の体感音響システムは、ヘッドホンで聴く音に連動し心地よく振動します。首や肩、あるいは全身に当てながら、体で音を感じます。

音を体で聴く方法を4つ紹介しましたが、どれも効果は期待できるものの、1〜3に関しては、音が外に漏れてしまうというデメリットがあります。

声を出す場合、カラオケはいいにしても、家のなかで体を震わせるほどの声を出すには、場所を選ばなければなりません。大音量で音を流すのも同様です。ディスコやクラブに行くのもいいですが、そこで流れる音楽は、自分が好きな音楽ばかりとは言えないでしょう。

そしてアコースティックな楽器の演奏にしても、防音設備がととのった場所でおこなわなければなりません。

もちろん、オーケストラなどの生演奏を聴きに行き、弦楽器の音を体に浴びることでもいいのですが、本来、弦楽器の演奏というのは、床から音の振動を感じるのが理想的です。現代のコンサートホールは、空気中を伝わる音響効果と設備はすばらしいのですが、残念ながらゴーシュの家のように音を体全体で感じるような構造にはなっていないようですね。

それに対して体感音響システムは、音が外に漏れることなくおこなえるメリットがあり、リラクセーション効果も高いものです。その効果について詳しく説明していきましょう。

体感音響で体温、肌の水分量がアップ！

71ページの写真を見てわかるように、体感音響システムは手に持てるサイズと、少し大きめのソファのクッションのような形をしています。

この2つのクッションが音の振動を起こし、体に当てたり、抱いたりすると、体に響く音響振動のマッサージ効果と心に響く音楽のリラクセーション効果の相乗効果で、短時間でも心がほぐれ、全身の細胞が活性化します。

体感音響の振動は、マッサージ器や美顔器のように、モーターなどの機械的な一定の振動ではありません。体感音響の振動源はスピーカーです。そしてその振動は、「ゆらぎ」の情報が含まれた、さまざまな音の波でつくられた、常に変化する振動です。

セルフヒーリングとして不調を感じる体の部位に当てて使う方法と、セラピストが施術する方法の、2つの使い方があります。振動源がゆらぎの情報を含んだ音であるため、体の同じ箇所にずっと当ててもまったく問題ありません。

音で心と体を癒す体感音響

小型体感音響システム

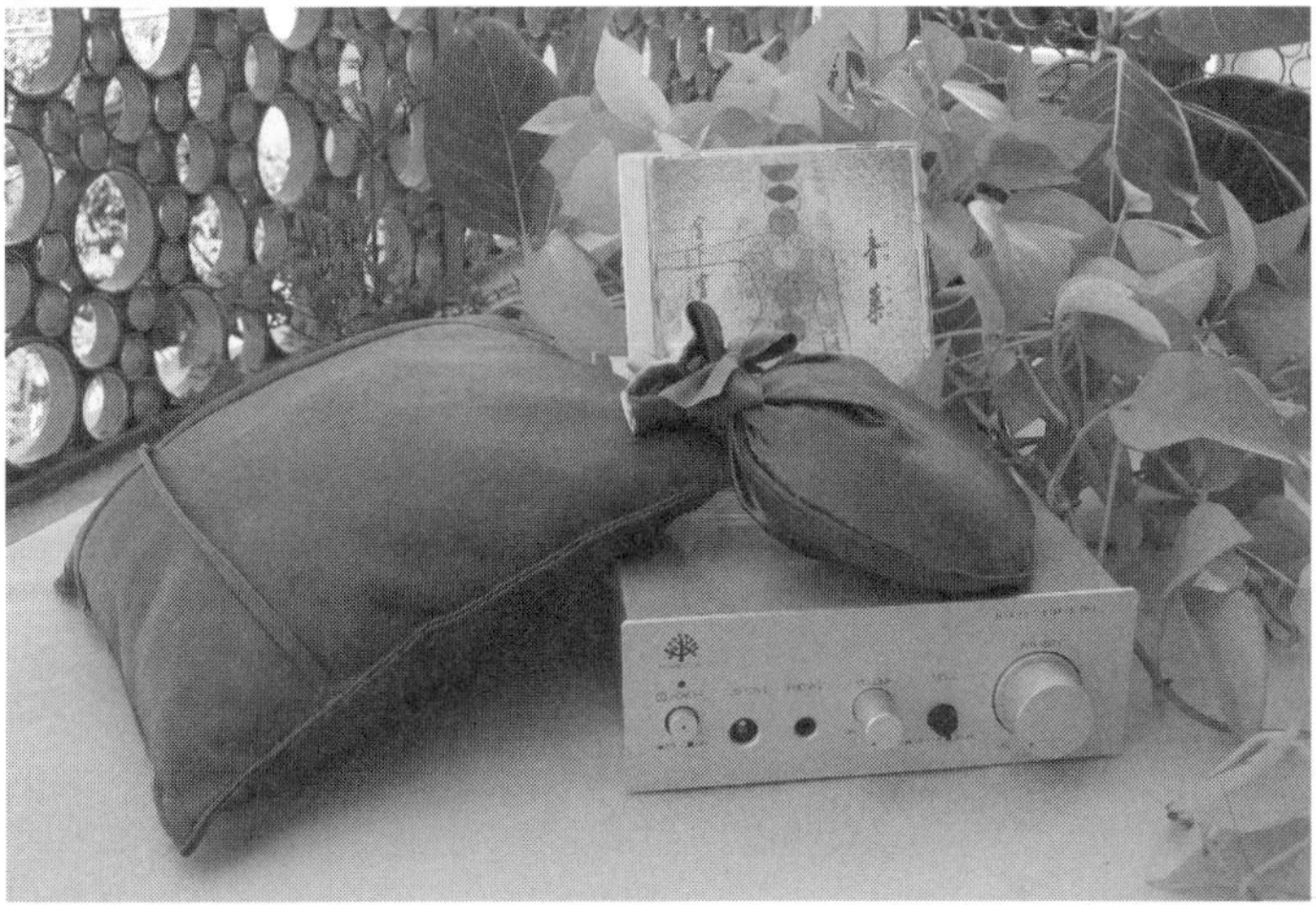

トリートメントの様子（肩腰コース）

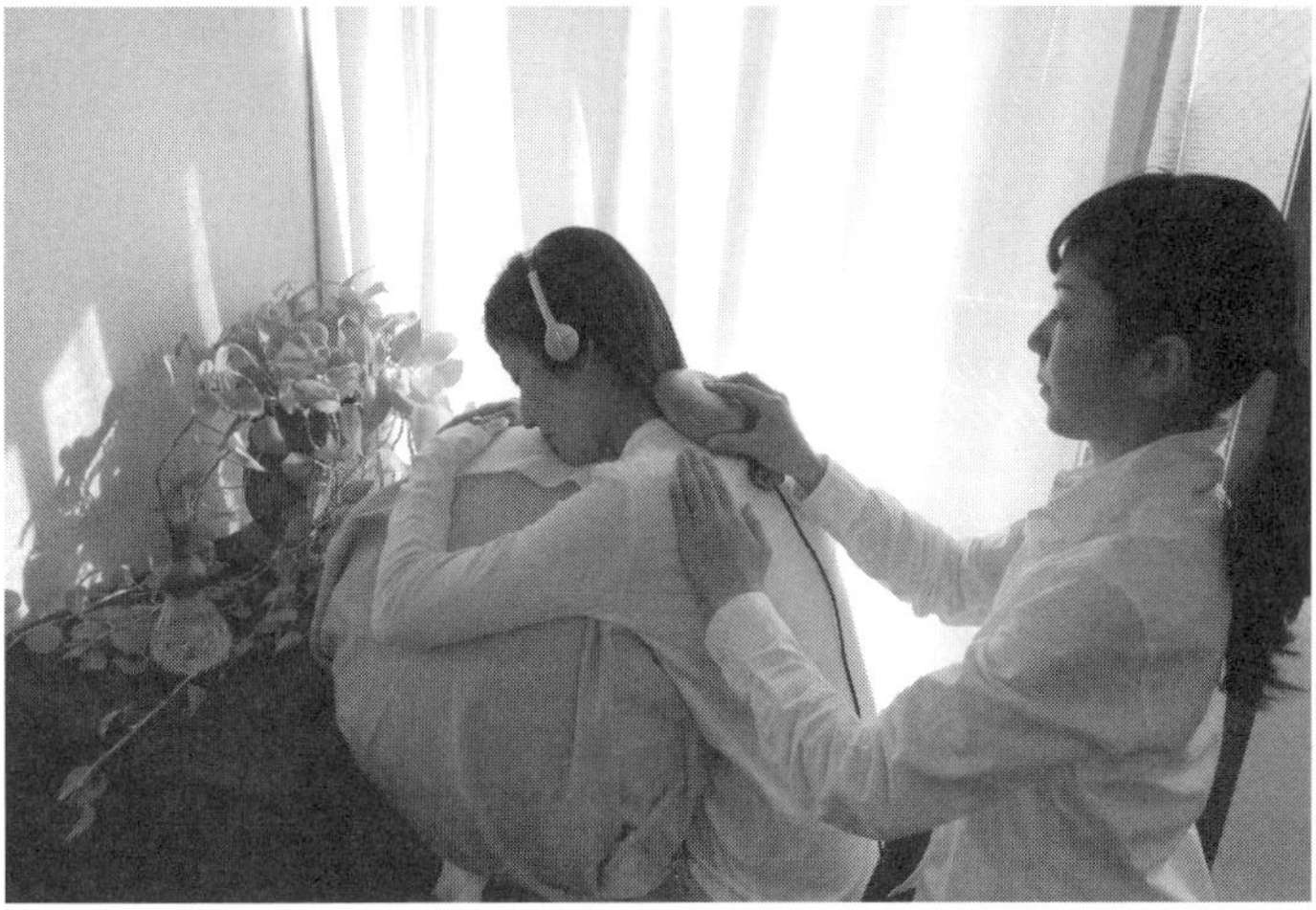

セラピスト（施術者）が使う場合は、小型の体感音響クッションを手に持ち、クライアント（お客様）の体の部位に当て、動かしてトリートメント（施術）をします。クライアントはこのとき、ヘッドホンをつけて耳から音を聴きながら、同時にその音の心地よい振動を体感音響クッションから体に感じます。

音楽のリズムは心音をもとにしてつくられているので、胎児がお腹のなかで母親の心音を聴くように、リラックス効果をもたらします。なお、トリートメントには全身コース、肩腰コース、フットコース、妊婦さんコースなどがあり、時間にして約20分～1時間です。トリートメントを受けたほとんどの人は、短時間でも眠ってしまったり、体と心がゆるんで心地よくなります。

しばらくぼーっとした状態になるのですが、起き上がってしばらくすると、逆にスッキリと覚醒し、元気が出てきます。これは、いったん体と心が完全にリラックスした後で、セロトニン神経が活性化されたことによるものです。

忙しい人や不規則な生活をしている人、スポーツをしている人など、さまざまな方をトリートメントをしてきましたが、疲れている人ほど効果が高いと実感しています。

今までに体感音響を体験した人の数は、15万人以上います。私のもとにはその感想が多

《ケース 1》顔の水分保湿量がアップ

測定日	モイスチャー%（前）			モイスチャー%（後）			掌温度（前）	掌温度（後）
	額%	頬%	あご%	額%	頬%	あご%		
7月1日	28.3	31.1	28.4	34.9	36.3	34.1	34.00	35.50
7月2日	21.5	32.8	30.1	37.0	36.8	36.4	29.50	35.00
7月4日	28.3	32.4	33.2	28.5	35.1	34.5	26.00	27.50
7月8日	28.3	32.6	36.8	55.8	37.5	56.6	29.50	32.50
7月15日	36.3	36.6	36.8	56.6	37.8	41.0	29.00	29.00
7月16日	38.9	37.6	38.3	44.6	39.7	45.8	30.00	29.00
平均値	30.3	33.85	33.93	42.9	37.2	41.4	29.67	31.42

6日間にわたり、小型体感音響システムによる首・肩コース15分を施術。額の平均値は施術後12.6%も上昇している。

数寄せられています。

実際に、どんな効果があったかご紹介しましょう。

《ケース1》

体感音響システムの首・肩のコース15分を6日間おこなった30代の女性のケースです。トリートメント後に手のひらの温度が平均で約2度近く上がったうえ、顔面の水分保湿量がアップしました。6日間の水分保湿量の平均値ですが、額は30・3%→42・9%に、頬は33・85%→37・2%に、あごは33・93%→41・4%とすべて上がっています。

美容業界では、水分保湿量は40%以上あると合格ラインだそうです。念のため、トリートメントをおこなったのは首・肩のみで、顔にはまったく触れていません。

このように体感音響は、末梢の体温が上がるだけでなく、美容効果も高いことがわかってきました。体が弛緩することに加え、音の波が水の分子レベルに働きかけ、細胞内の水分にまで影響が及ぶため、リンパと血液の流れが改善されるのでしょう。

また、トリートメント後の顔を見ると、肌が生き生きして、ハリとツヤが出ていました。女性にトリートメントした後に特に感じることですが、肌の色が白くなった印象を受けることが多くあります。

この他にも、「化粧のノリがよくなった」「むくみがとれた」といった女性からの声をたくさんいただいています。

《ケース2》

10分のフットコースを右足のみおこなった30代の女性の場合。トリートメント前と後で、足の皮膚温度を測ってみました。

親指の先、親指の付け根、人さし指の先の3箇所を計測したところ、すべての皮膚温度の平均値で3・3度アップ。体の代謝や血流がよくなることによって、冷え性の予防にもなることがわかります。しかも驚くことに、トリートメントをしていないほうの左足まで

《ケース 2》足の温度がアップ

日付	足	足温度（前）			足温度（後）10分		
		親指先	親指付根	人差指先	親指先	親指付根	人差指先
4月5日	右足	21.3	22.9	21.2	24.8	25.1	25.5
4月5日	左足	21.4	22.7	21.2	22.2	24.2	24.2
平均値	右足				3.5	2.2	4.3
	左足				0.8	1.5	3

小型体感音響システムによるフットコース10分（右足のみ）を施術。施術をしていない左足の体温も上昇している。

もが平均で1・8度程度アップしていたのです。これは、右足におこなった音の影響が、骨伝導で響きが伝わり左足にも影響したと考えられます。

つまり、音波が体内の水だけでなく、音の伝導率の高い骨にも伝わり、全身の骨を共鳴・共振させたのです。体の深部に伝わった振動が細胞内の水、体液、血液に動きをつくり、体の循環と代謝を改善したことがわかります。

体が活性化されると、冷えが改善されるだけでなく、体のあちこちの痛みや、滞りも改善されるようです。「肩こり・腰痛がよくなった」「生理痛がなくなった」「体が軽くなって全身がスッキリする」「尿がたくさん出る」「頑固な便秘が治った」という声もありました。

このように、サウンドヒーリングはわずかな時間でも体に変化を起こすのが特徴です。しかも、薬のような副作用もなければ、もみかえしもありません。

自分自身に本来備わった自然の治癒力を呼び覚まし、体の代謝をよくし、自らの力で元気になる方法です。疲れやすい、体がだるい、頭痛がする……といった慢性的な体の不調を感じている人にもおすすめです。

「うつ」とかかわりが深い脳内セロトニンも活性化

体感音響システムの効果は、体と心どちらにもいい影響を与えてくれます。

特に精神面への影響の場合は、漠然としていて効果が伝わりにくい場合があります。しかし、私が東邦大学医学部統合生理学教授の有田秀穂先生の協力のもとにおこなった実験で、体感音響が精神面にも効果があることを、データのうえから明らかにすることができました。それは次のような実験です。

20〜30代の女性に全身コースを40分おこない、血液中のセロトニン濃度を測定しました。

セロトニンとは、脳内の神経伝達物質です。セロトニンは、私たちの心と体を元気にす

セロトニン神経の活性化

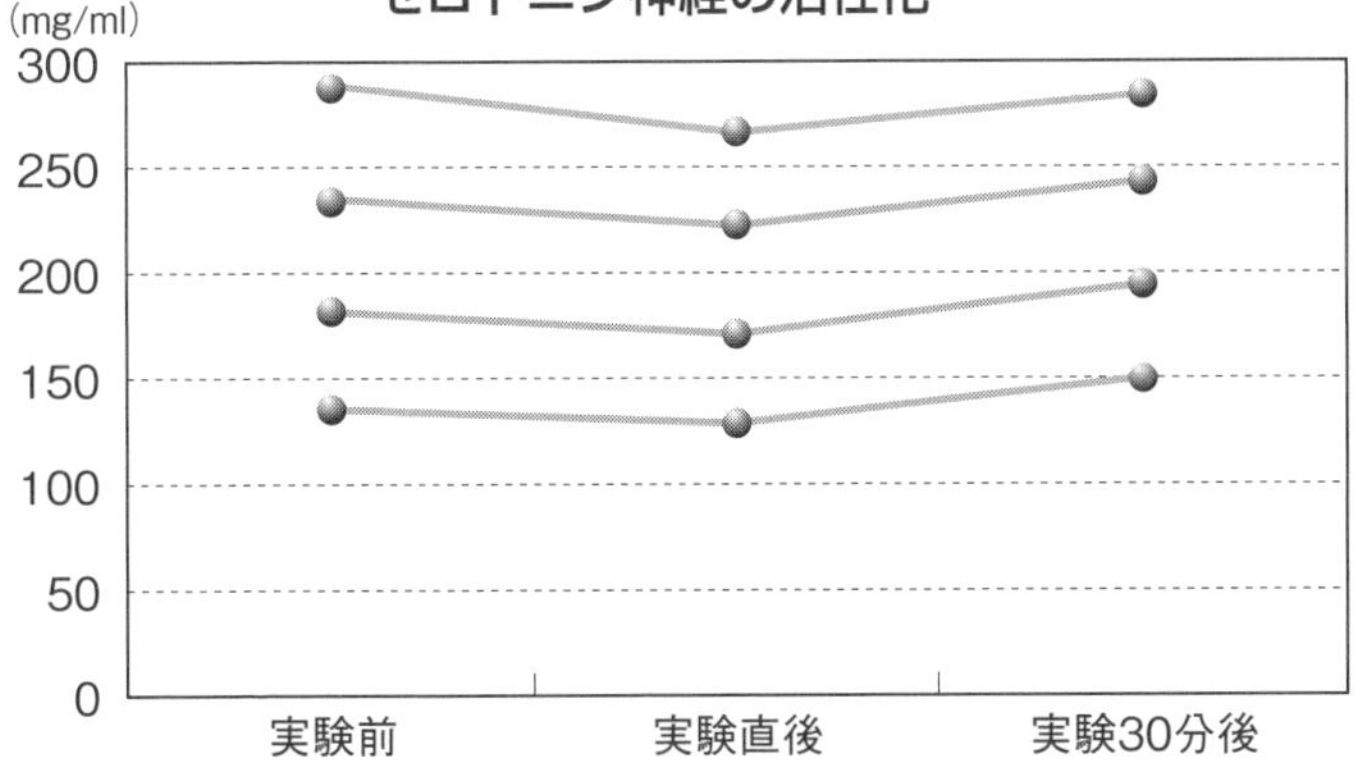

4名に体感音響システムによる全身コース30分を施術し、血液中のセロトニン濃度を測定。実験直後は一度濃度が下がるが、30分後には活性化が見られる。

る働きをしています。セロトニンを分泌するセロトニン神経は、別名「脳内ハピネス神経」とも言われるほどです。セロトニン神経が働くのは、おもに覚醒時。朝スッキリと目覚めたり、一日を意欲的に送ることができるのは、セロトニン神経が働いてくれているからなのです。また、自律神経を調節したり、心のバランスを保つ作用もあります。

セロトニン神経が弱ってしまうと、心のバランスを崩してしまいます。近年話題になることが多いうつ病や摂食障害、パニック障害などは、脳内のセロトニン不足のために起こる症状だということが、医学的にもはっきりしてきました。

そこで、体感音響がセロトニンにどのよう

に影響するかを調べてみました。

実験前、実験直後、実験30分後と、３段階に分けてセロトニン濃度を調べたところ、実験直後にはセロトニン濃度がいったん下がり、30分後には上がっていくことがわかりました。

一度濃度が下がってから上がるのは、トリートメント後の様子を見ていてもわかります。リラックスして心と体がゆるみきった状態になるため、直後はしばらくぼんやりしています。このときはセロトニン濃度が下がっている状態です。そして30分ほどすると、スッキリとした覚醒状態になり、気分も晴れやかになります。このときにセロトニン濃度は上がっているのです。

これは私の推測ですが、意識を覚醒させるためには、一度ゆるみきった状態になることが必要なのではないでしょうか。それを助けてくれるのが体感音響なのです。

いずれにせよ、体感音響システムを使うことにより、心も体も疲れがとれて、スッキリすることは間違いありません。このセロトニン濃度の実験結果から、体感音響が心にもいい影響を与えるものだということが明らかになりました。

体験者からの声では、「考え方がポジティブになった」「心がやすらいだ」「頭のなかが無の状態になった」「小さなことで動揺しない自分になった」「何とも言えない幸せな気分になる」などがあり、体感音響が精神面に与える効果の大きさを表していると思います。

さらにもうひとつ、体感音響のメリットをあげておきましょう。

体感音響をおこなうと、細胞レベルで働きかけ、体の代謝がよくなることはすでに述べました。体を動かさなくても代謝がよくなるということは、運動不足解消にもなるということです。

先ほど「太りにくくなった」という体験者の声がありましたが、一般の人はもちろん、さまざまな事情で体を動かすことができない人でも、体感音響をおこなうことが、代謝力をアップさせる手助けになると思います。

メンタルケア、副作用軽減…ガン治療の現場でも大活躍

体感音響システムは、さまざまなところで活用されています。

アメリカのガン治療の名医であるミッチェル・ゲイナー博士は、体感音響の効果を早く

から認め、博士のいるコーネル大学医学校付属ニューヨーク病院で、1999年から体感音響システムをガン治療のプログラムに取り入れています。

私も何度か病院を訪れましたが、化学療法室には体感音響システムが置いてあり、ガン治療の副作用や痛み、患者さんの心理的な不安の軽減に使われ、実績をあげています。

音の振動を直接体に伝えることによって、ガン患者さんの細胞にダイレクトに響き、深いやすらぎをもたらします。そのことが結果的に免疫力を高め、ガンと共存できる体づくりをしてくれる、と博士は説明しています。

また博士は、この体感音響システムで9・11同時多発テロの後遺症（重金属汚染やPTSD）に悩むニューヨークの消防官、警察官200人の体と心のケアもおこないました。ゲイナー博士と私はサウンドヒーリング協会を共に立ち上げ、人材育成と研究にさらに力を入れています。

もちろん日本でも、整形外科や心療内科などの医療機関で活用されています。

千葉県のしのだの森ホスピタルもそのひとつです。そのストレスケア病棟において、うつ病などのストレス疾患で入院中の患者さんに、体感音響のトリートメント1回30分を5回おこない、患者さん自身にアンケートを記入してもらいました。

すると、うつ病の主要症状である不眠の他、便秘にも高い効果が見られました。これは音響振動の効果でリラックスし、自律神経のバランスがよくなったためだと思われます。特に女性への効果は顕著でした。これは女性のほうが体内の水分量が多いために、より振動が伝わりやすかったためだと思われます。

また、産婦人科でも使われています。妊婦さんにおこなうと、体のリズムがととのって安産になるのです。また、体に負担をかけないため出産間近までおこなえるので、続けているとお産が楽でスムーズになり不安も軽減されます。

横浜市の池川クリニックでは出産直後に体感音響のトリートメントをおこなっています。産後の母体の回復が早くなることがはっきりしています。

さらに、今後の可能性として、産後うつなどに代表されるような、産後の母親の精神面にもいい効果があるのではないかと期待しています。また、大阪や米国のペンシルバニアでは、不妊治療に利用している病院もあります。

ホテルにおいてリラクセーション目的で使用されている他、獣医さんが犬や猫に使用しているケースもあります。特に猫は体感音響が大好きなようで、動物用に考案されたクッションもあるほどです。

また、心地よい振動で快い眠りを得られるということから、私が音楽を担当し体感音響を取り入れて開発したベッドも、あるメーカーから発売されています。

体感音響のクッションと振動が備わっているので、血液の循環がよくなって体が温まり、リラックスをもたらします。夜寝るときには足元から振動を感じながら眠りにつくことができます。寝つきが悪い、眠りが浅いといった悩みを持つ方やシニア層に需要があるようです。寝るだけで代謝がよくなり、朝の目覚めもいいと喜ばれています。

体感音響やナチュラル・オーガニック・サウンドなどの、サウンドヒーリングの可能性は、医療分野、美容分野にとどまらず、さまざまな分野に広がりつつあります。

Column

体感音響で半身麻痺が改善！

サウンドヒーリングのスクール受講生Aさんの友人の娘さん（24歳）の話です。その娘さんは18歳のとき、交通事故に遭い、高次脳機能障害になり障害者自立支援施設に入所しています。左半身麻痺になってしまった彼女は、リハビリ後も後遺症があり、夜間の徘徊、引きこもりを繰り返しており、家族も目を離せない状態でした。

そこでAさんが友人である母親に、サウンドヒーリングが心と体に及ぼす効果について説明したところ、トリートメントを受けたいということになりました。そこでAさんが体感音響システムを使って、15分ずつ2回ほど施術をしました。

すると、2回目のトリートメント後、彼女の表情に変化が表れたのです。後遺症で左目はまったく動かない状態なのですが、Aさんが「目を上下、左右してみて」と言うと、左目が上下と左右に動いたのです。それを見てお母さんは、自らサウンドヒーリングのメソッドを学ぶことを決意しました。

Aさんも、「音を脳と体に響かせ、一緒に音でリハビリしてみましょう。きっと元気になりますよ」と励ましました。

サウンドヒーリングを学ばれたお母さんは、「先が見えてきました。これからは私も普通の人生を送ることができます」とほっと安堵感に包まれた表情をしていました。

現在、娘さんは顔の表情も健常者と変わらないほどにまで回復し、リハビリ助手をしながら、在宅復帰を目指して頑張っています。

このように、体感音響システムによって、大げさではなく人生が変わってしまった方、生まれ変わったように明るく元気になった方がたくさんいます。

人間が本来持っている自然治癒力を信じ、細胞レベルで体内をきれいにし、免疫力を高める体感音響システムの可能性は、まだまだ計り知れません。

STEP 3

今日から実践！　サウンドヒーリング

ナチュラル・オーガニック・サウンドで毎日が輝く！

主張のある音・ない音、癒されるのはどっち？

いよいよ、サウンドヒーリングを日常生活で実践してみましょう。

心と体を癒すのに音がとても効果的であることは、おわかりいただけたと思います。

そこで本書では、家庭でいつでもサウンドヒーリングを体験できるように、ナチュラル・オーガニック・サウンドのＣＤを付録に付けました。

確かに自然音は、心を癒してくれます。しかし、自然の音ならどんなものでもいいのかというと、少し違います。では、どんな音が癒しの効果が高いのでしょうか？

それを説明するのには、１人のサウンドアーティストとの出会いについてお話ししなければなりません。

16年ほど前、私が渋谷のプラネタリウムでコンサートを定期開催しはじめた頃のことです。プラネタリウムでの環境を心地よくしたいために、自然の音を探していました。しかし日本はもちろん海外の自然音のＣＤを何十枚聴いても、なかなかこれといったものに出会えませんでした。

理由はひとつ。音に主張がありすぎるのです。

小鳥のさえずり、夕暮れの虫の鳴き声、深夜の小川のせせらぎ――どれも自然の音なのですが、環境を心地よくするという目的で考えると、何度も聴いているうちに耳障りになってきてしまうのです。

そんなある日、すばらしい音に出会いました。主張や意図のない、他の音楽とミックスしても邪魔にならず、むしろ音楽を心地よく支えてくれるやさしい音でした。それが、サウンドアーティスト中田悟さんの音だったのです。

不思議なことに、同じ自然の音でも、録る人によってまったく違うものになります。自然音の透明感がそのまま伝わり、わざとらしさを感じないのは、中田さんの心が純粋だからなのでしょう。

中田さんはもともと放送局のエンジニアでした。あるとき多忙からくるストレスで体の具合が悪くなり、病院に行かずに屋久島に行ったのです。そして、自分の体が気持ちいいと感じる場所で、ずっと音を浴びて病気を治したそうです。そのときから体が気持ちいい場所で録音しはじめ、本書の付録のＣＤも中田さんがその方法で録音したものを編集しています。体の声を聴いて一番気持ちのいい音がそのまま入っている、意図のない純粋な音になっています。

彼が録音するときは、マイクロフォンを背負って、体にすべてをゆだねて、半分瞑想のような状態で意識を無にして録るそうです。だから意図がないのでしょう。

意図がない素直な音は、24時間聴いても邪魔にならず、心地いいものになります。今までに私は海外のものを含めて100枚以上、自然音のCDを聴いてきましたが、自然の音であっても、録っているアーティストの意思が出ている作品もたくさんあることがわかりました。

そういう音は、繰り返し聴いているうちに、「今日は聴くのはよそうかな」と思うことがあります。やはりそこに、つくる側の「思いの力」が入ってしまうのです。

おそらく、専門家でなくてもわかるものがあると思います。それは私たちの体が、無意識のうちに心地いいものを知っているからではないでしょうか。

中田さんは、残念ながらもうこの地上にはいません。しかし、彼の録音した澄んだ音は、いつまでも生きています。私は彼の遺した地球の自然の音は、〝世界音遺産〟だと思っています。そのなかのひとつが本書の付録、屋久島の自然音です。

屋久島の音に秘められたパワー

自然音や環境音楽のCDは数多くあります。

先述した中田さんのCDは、宮古島や石垣島などあらゆる場所で録音されていて、どれもすばらしいものばかりなのですが、今回は屋久島の音を選びました。

屋久島は、今、自然を満喫できるスポットとして人気の高い島ですね。縄文杉をはじめとする屋久杉でも有名な世界自然遺産の島です。

九州最高峰の宮之浦岳（標高1936メートル）をはじめ、1000メートルを越える山がいくつも連なっています。屋久島は、海の力と山の力を両方備えているると言えるでしょう。

屋久島の水は、そのパワーがあふれる高い山々から流れている水ですから、とても澄んだきれいな水ですね。CDを聴いていただければわかるように、小川のせせらぎの音をはじめ、水の音がたくさん含まれていますが、その音に癒されてしまうのは、水の清らかさからきているのではないかと思います。

自然音には、空気と同じように、その「場」の情報も含まれています。単純に人間の耳から聴こえる音だけではとらえることができないエネルギー、と言えばわかりやすいでしょうか。

屋久島の持つ自然の力、たとえば植物を育てる力、大地の力、水の力などの情報が、CDを聴くことによって再現されます。だから、私たちも生命力が活性化するのだと思います。近くのせせらぎの音や、遠くの潮騒の音が聴こえるなど、屋久島の立体的な空気感を感じ取ることができるでしょう。

また、このCDにはSTEP1で説明した倍音が多く含まれています。どなたにも心地よく響くと思います。

付録CDを効果的に使う3つの方法

では実際に付録のCDを聴いてみましょう。その前に、より効果的に使っていただくための方法を3つ紹介します。

無意識に聴く

もっとも簡単で効果的なのが、24時間かけっぱなしにする方法です。これは、無意識に音を聴くということです。

「一日中聴き続けたら、飽きてしまいそう」
「プレーヤーが壊れてしまう」
「電気代がかかりそう」

さまざまな声が聴こえてきそうですね。でも、心配する必要はありません。

聴いていただければわかりますが、主張のない純粋な自然音は、一日中かけっぱなしにしても、飽きることはありません。心地よい空気感を感じることができるでしょう。

人間は聴き慣れない音には抵抗を感じますが、聴き慣れた小川のせせらぎのような水の音はどこか懐かしく、癒されるものです。それは、先述したように、母親のお腹のなかで安心して羊水のなかにいた胎児の時代に聴いていた水の音を、潜在意識で記憶しているからなのでしょう。

まずは自分の生活環境で24時間かけておきましょう。夜寝るときも、音を流したまま寝ます。すると、翌日の朝、疲れがとれたという声もたくさん寄せられています。

マンションやアパートの場合、夜かけ続けると隣の部屋の人に迷惑なのでは、と思うかもしれませんが、大丈夫。ロックやポップな音楽だと、重低音がお隣にも伝わり、迷惑になるかもしれませんが、自然音はある程度の音量でかけても大丈夫です。

もちろん日中もかけ続けましょう。外出するときも、かけっぱなしにしておきます。たとえ部屋に誰もいなくても、心地いい音の振動は空気中の水分にまで伝わり、影響を与えます。「いい音は、空気清浄機のようなもの」と前に述べましたが、仕事などで日中いないときでもかけ続けている人によると、帰宅したときに部屋が清涼感で満たされているのを感じます。

また、私の経験から言っても、日本製のプレーヤーの場合、かけ続けていたからといって壊れることはないと思います。むしろ、プレーヤーは再生と停止を頻繁《ひんぱん》に繰り返すほうが壊れやすく、再生し続けている場合は壊れることはほとんどありません。私の仕事場のプレーヤーも、もう8年以上かけっぱなしです。電気代もプレーヤーを使っていなかった頃とほとんど変わりません。電気代がかかるのは、テレビや冷蔵庫、パソコンのほうでしょう。

まずは24時間かけ続けてみてください。きっとさまざまな発見があるはずです。

意識的に聴く

24時間かけ続けたら、次におこなうといいのは、「音を意識して聴く」ことです。

一日に1回、5分でいいです。目を閉じて背筋を伸ばし、ゆっくり呼吸をしながら、集中して意識的に音に耳を傾けてみましょう。

特に体調が悪いときやどこか痛みがあるとき、心配事があったりイライラした気持ちがあるとき、仕事で疲れたと感じたときなどには、意識的に聴くといいでしょう。

そのまま眠りについてしまうのも効果的です。ベッドに背筋を伸ばして横になり、音に意識を集中してゆっくり呼吸をします。すると、深い眠りにつくことができます。体が本来の力を少しずつ取り戻し、翌朝はスッキリしているでしょう。

屋久島の音を意識的に聴くと、音のエネルギーが耳を通して、体全体に伝わっていくのがわかると思います。

聴きながら音を出す

3つめの方法は、言ってみれば「意識的に聴く」の発展形です。意識的に音を聴きながら声を出す方法です。

やり方は簡単です。意識的に耳から音を聴きながら、ゆっくり呼吸をします。鼻からゆっくり息を吸って、口からゆっくり吐きます。息を吐くときに、声を出すのです。声を出すときに、どんな言葉を発するかが、実はとても重要です。どんなふうに出すのかというと、「ピーース（平和）」「あーいー（愛）」など、心にやすらぎを与える言葉です。これは「ピースクリエイティング・ボイス」といって、サウンドヒーリングの大切なメソッドのひとつです。

ピースクリエイティング・ボイスのやり方については、後ほど述べますが、屋久島の自然音をより自分のなかで生かしたいと思う方には、おすすめの方法です。

3つの方法を紹介しましたが、まず試していただきたいのが、24時間かけっぱなしにすることです。これが基本です。その後で、より積極的に取り入れたいと思ったら、意識的に聴く、さらに呼吸をしながら声を出すというステップでおこなってみてください。

なお、音量については、自分が一番快適に感じる音量でＯＫです。また、小川のせせらぎなど自然な水の流れは本来低い位置を流れるものなので、ＣＤプレーヤーを置く位置も低いところに置くのが望ましいでしょう。少なくとも天井など、音がうえから降り注ぐことは避け、音が横に流れるようにしてください。

自分のできる範囲で、日常生活に取り入れていきましょう。

こんなとき、こんな悩みを「音」で解決！

付録のＣＤの屋久島の音は、子どもから大人まで、誰の耳にもすっと入ってきます。この本を手に取ってくださった方のなかには、今何かしら体の不調を感じていたり、ストレスがたまっていたり、心が疲れている方もいらっしゃるのではないかと思います。

この自然音のＣＤは、そんなみなさんが抱えているさまざまな悩みを受け入れてくれるでしょう。いくつかの事例に応じた使い方と効果についてご紹介します。

眠れないとき

寝つきが悪い人、不眠症状のある人は、夜、寝室でCDをかけっぱなしにしておきましょう。そのとき、前項で紹介した「意識的に聴く」方法をおこなうとより効果的です。ベッドや布団に背筋を伸ばして横になり、目を閉じ、鼻からゆっくり息を吸って口から吐くことを繰り返します。このときに、意識を音に集中させて聴きましょう。5分ほど意識しておこなったら、後はそのまま普段通りにリラックスします。

心地いい音が、睡眠環境をととのえてくれるでしょう。最初はすぐに眠りにつくことができない方もいるかもしれませんが、やがて気持ちがゆったりとし、リラックスしてくるはずです。

CDを聴いた人からは、「いつもより深く眠れた」「よく眠れて、朝はスッキリと目覚めた」など、「眠り」に関する感想をたくさんいただきます。毎日続けると、変化が出てくるはずです。

疲れたとき

疲れたときにも非常に効果的です。方法は、眠れないときと同じようにCDをかけたまま横になりましょう。

そのまま眠りについてもいいですし、目を閉じてゆっくりと呼吸を繰り返しながら、同じく5分ほど意識的に音を聴くのがおすすめです。

仕事から帰ってぐったりとしてしまったとき、あるいは翌日に重要な企画会議やプレゼンが控えていて緊張しているときなども、集中して音を聴いた後で眠りにつくようにすると効果があります。音の効果で「場」の空気がととのい、心地いい睡眠に導いてくれるので、翌朝目覚めたときには疲れがとれているということが多いのです。

疲れというのは、一言で言えば体の酸化です。人間の体内ではエネルギーを産生するとき、同時に活性酸素が発生します。体にはもともとこの活性酸素を緩和する働きがありますが、活動量が多すぎるとそれが追いつかなくなります。こうして疲れがたまると体が酸化してしまうのです。

酸化度は、唾液でチェックすることができ、数値が大きいほど酸化度が高いことを示します。体感音響システムを使った際、その前後で酸化還元度を測定したところ、いったん酸化する方向に数値が上がった後、30分後からゆっくり還元するほうに数値が下がっていきました。心地いい音の振動は、酸化した唾液を還元するよう働きかけ、その結果疲れがとれると考えられます。

体にいい音は、寝室でかけておくことでも効果があります。音の粒子が細胞の一つひとつに働きかけ、だんだんと疲れを癒していくことでしょう。

ストレス解消

ストレスがたまっているなと感じるときやイライラしたときも、気持ちを穏やかにしてくれます。

椅子に座ってリラックスした状態で聴くのもよし、寝るときに横になって聴くのもよし。ストレスがたまっていると自覚しているときは、やはり5分間意識的に聴くことをおすすめします。静かに自然の音を聴くことで、心も本来の自然の状態に戻るのですね。

また最近、部屋を掃除すると心もスッキリするとよく言われていますね。確かに、換気をしたり部屋の掃除をすると、空気のよどみがとれてスッキリします。

そうは言っても、心が疲れているときは掃除や片付けをする気にもならないものです。そんなときにおすすめなのもこのCDです。流しているだけで心がスッキリします。

音の波は、空気中を秒速340メートルの速さで伝わります。その波で常に空気中にやさしい風を起こし、空気に動きを与えます。また空気中に40％近くある水分にも働きかけ、部屋の空気もきれいになります。

いい音は、流しているだけで、空気のよどみもとってくれます。私が「いい音は空気清浄機」と言うのは経験的にそう感じるからなのです。

ストレスがたまっているとき、イライラしているときでも、自分の部屋に帰ってきたときそこがいい環境に保たれていれば、それだけで心が癒されていくはずです。

心がヘトヘトに疲れているときは、無理して掃除をする前に、いい音を流しておけば大丈夫です。もちろん、お休みの日や時間があるときには、掃除や片付けもしてくださいね。

仕事中、勉強中

疲れや不眠やストレスがあるときは、それをやわらげる効果がありますが、一方で仕事をしているときや勉強中に聴くと、集中力がアップします。リラックス効果もあるのに集中力が上がるというのは、不思議な印象を受けるかもしれませんね。でも自然の心地いい音は、人間の本来の力を呼び覚まし、ととのえてくれるのです。実例を紹介しましょう。

北九州にある高校受験を控えた中学3年生の塾の話です。塾での勉強中、ずっと屋久島のCDをかけ続けていたところ、全員が力を発揮し志望校に合格したというのです。

今、子どもたちは学校にしろ、家庭にしろ、さまざまなストレスを抱えています。昔と違って多忙になり、特に受験生はほっとする時間もないというのが実状のようです。「勉強しろ」と言われて、余計にストレスをためてしまう子も多いでしょう。

その塾では決して勉強を強制するようなことはなかったそうです。体感音響も併用しながらCDをかけていると、子どもたちが自然とやる気になり、それが全員志望校の合格につながったのです。

もちろん大人も同じです。仕事中、どうしてもやる気が出ない、仕事がはかどらない、といったときに、CDを流しておくと気力もアップし、集中力が発揮できます。

何かに集中したいとき、音楽をかけると気が散ってしまうことがあります。しかし、屋久島の自然音は、環境をととのえ、むしろ手助けとなってくれるでしょう。

病気のとき、入院中

体感音響がガンの補完療法として取り入れられていることは、すでにご紹介しました。細胞レベルで体をマッサージしてくれる音は、体に本来備わった力を呼び覚まし、自然治癒力を高めてくれます。ですから、病気のときにもCDを流しておくことをおすすめします。

一日中部屋でかけっぱなしにしているだけでOKです。

病院に入院しているときにもかけておくといいでしょう。病院の場合は、他に入院患者さんがいらっしゃる場合、部屋に音楽を流すのは難しいかもしれません。ただ、屋久島のCDの場合は、かけておいても決してうるさく感じたり、耳障りなものではありませんので、了承が得られた場合は、どうぞかけておいてください。

かけておくのが難しい場合は、イヤホンで聴くといいでしょう。好みの音量で、目を閉じて聴いているだけで、きっと病院にいることを忘れてしまうはずです。

余談ですが、菊の花の実験の写真を見ていただいておわかりのように、自然音を流しておくと植物も生き生きとしてくるので、お見舞いの花も長持ちします。

妊娠中、子育て

屋久島のCDは、妊婦さんにもぜひ積極的に聴いてほしいと思います。胎児は受胎から数週間で耳ができはじめ、4カ月半頃から聴覚が機能しはじめます。お腹のなかにいる期間のうち半分は、赤ちゃんは耳で音を聴いて育っているのです。

もちろん、一番大きく聴こえるのは母親の心音ですが、外界から聴こえる音にも反応を示します。

音楽に対する反応も顕著です。お腹に赤ちゃんがいる間にいい音楽をたくさん聴くことは「胎教」によく、その後の人格形成にいい影響があることがわかってきています。モーツァルトなどのクラシック音楽が胎教にいいと、よく言われていますね。

しかし、お母さん自身がクラシックをあまり好んでいない場合、ずっと聴き続けるのが負担になる場合もあるのではないでしょうか。また、どんなにいい音楽でも、メロディーのある音楽をずっと聴き続けると飽きてしまいますよね。

それに対して、屋久島などの自然音は、24時間かけ続けても、飽きることがありません。聴いているうちにお母さんの心も安定しリラックスしますから、お腹の赤ちゃんにとてもいい影響を与えます。また、意識して聴き続ける必要もなく、ただ部屋に流しておくだけでもいいのです。赤ちゃんが生まれてからも、そのまま流しておきましょう。

誕生後数カ月間の聴覚体験は、とても重要だということが科学的にもわかってきています。生後数週間も経てば、赤ちゃんは音が聴こえるたびに瞳を動かし、音源の位置を確かめようとします。こんな小さな赤ちゃんの時期に聴く音でも、脳の聴覚メモリーバンクに蓄えられ、それが体や心の発達や、その後の知的発達の基盤になることも明らかにされています。

赤ちゃんの時期はもちろん、その後の子育てにおいても、いい影響があります。幼児期や学童期になっても、自然音を流し続けることで子どもが生き生きと元気に育ち、穏やかでいられることが多いようです。子どもの発達の問題や、キレる子どもが話題になっていますが、今後は自然音が与える子どもへの影響についても、注目したいと思っています。

また、大変な子育てのなかで、つい子どもに激しく怒ってしまったり、イライラしてしまうお母さんにもいい影響を与えるので、親子関係がよくなり、絆が深まったという声もいただいています。

運転中、移動中

集中力がアップするという意味では、車を運転するときにもCDを流しておくのがおすすめです。また、長時間の運転で同じ姿勢を続けていても、疲れにくくなります。

電車のなかや飛行機に乗るときにも、ぜひ聴いてほしいと思います。車内や機内では、他にもお客さんがいるのでイヤホンやヘッドホンで聴くことになります。本来なら自然音は、耳だけで聴くより、音を流して体で浴びるほうが望ましいのですが、イヤホンでも十分効果があります。

毎日ラッシュで混んだ電車で通勤・通学をしている方も多いでしょう。そのときも、イヤホンで自然音を聴いてみましょう。不快な状況のなかでも、聴いているあなた自身だけは、快適なエネルギーに包まれているのを感じることができると思います。

騒音対策

飛行機のなかの騒音もそうですが、自然音は騒音のなかでも脳内環境をととのえてくれる働きがあります。

騒音は、それだけでストレスです。騒音のレベルにもよりますが、音がうるさくてまったく集中ができないときなどは、イヤホンやヘッドホンで自然音を聴くといいでしょう。

ＳＴＥＰ１で、耳は人工的な音や聴いたことのない音、嫌いな音楽は不快に感じ、耳の筋肉を硬くして音を取り入れないようにする方向に、逆に好きな音楽や心地いい音は、よく聴こえるように取り込もうとする働きがあるとお話ししました。生命にとって安全かどうかが、聴く音と聴かない音を選択しているわけです。

騒音が大きいなかでイヤホンで自然音を聴いていると、最初は騒音に紛れて自然音は聴こえませんが、しばらく聴いていると、自然音がだんだん聴こえてくるようになります。これは、耳が脳のメモリーバンクに蓄えていたせせらぎの音を感じとり、萎縮してかたくなっていた耳の筋肉がやわらかくなり、心地よいと感じる音のほうを選択したため、聴こえはじめたのです。

電車がよく通るところや交通量の多い道路のそば、工事現場の近くなどに住んでいる方は、24時間ずっと自然音を流してみるといいですね。

引っ越し時、旅先で

仏教や神道に伝わる儀式のなかでは、古くからさまざまな音や音楽を使ってきました。音は神々の住む世界と地上をつなぐ架け橋の役目を果たし、地上にて神々に働いていただくために音を出し、音で場を清めていました。音は目には見えないものですが、それゆえ見えない世界の場を浄化し、清める力もあるようです。

引っ越しをして新しい部屋に入るとき、旅先でホテルや旅館に泊まるときも、自然音の

ＣＤを流すと部屋が浄化され、さわやかになるというお話もいただきます。

部屋の空間には、前にそこに住んでいた人の思いのようなものが残っているのかもしれません。これは、ホテルや旅館にしても同じで、多くの人が泊まり、出入りしている部屋では、使った人の思いや〝気〟が残っている場合もあるようです。

まずは窓を開け、部屋の風通しをよくして空気を入れ替えることが大切ですが、その後で「音」によって心地いい室内環境にととのえていくといいでしょう。

菊の花の実験でわかるように、水も音によってあのような影響を受けているのです。部屋の空気や空気中の水分、そして床や壁などの物体も影響を受けないはずはないでしょう。

ホテルなど宿泊先の場合は、音を流す環境がととのっていないこともあります。私の場合、ホテルに宿泊するときは、パソコンを持っていき、パソコンからＣＤで音を流すこともあります。すると、空気が変わっていくのを感じます。

新しい場所に身を置いたときに、環境をととのえ新しい場になじむために、音は手助けとなってくれます。

いい音を空間に流すことは、部屋の環境を目には見えないミクロやナノサイズでととのえ、調和させ、部屋の微生物や植物の働きを活性化させ、生活環境を快適にととのえることに役立つと言えるでしょう。

好きな音楽と一緒に

音楽が大好きな人、常に何かしながらBGMとして音楽を流し、生活の一部となっている人、また自然音だけでなく音楽も聴きたい人におすすめの方法です。

自然音は24時間かけっぱなしにすることを基本として、別のCDプレーヤーで好きな音楽を聴くのです。言ってみれば「音の二重使い」ですね。CDプレーヤーが2台必要ですが、なければパソコンを使ってもいいでしょう。

自然音は、どんな音楽と一緒に聴いても、決して邪魔になることはありません。一緒に聴く音楽は、好きな音楽なら特に決まりはありません。自然音は空間を快適にする目的だけに使い、体や植物たちに聴かせ、音楽は目的や感覚に合わせて心に響かせていく使い方です。

家でヨガや呼吸法・太極拳などをやっている方は、その音楽をかけながら自然音を重ねてみてください。いつもより体がやわらかく感じるかもしれません。

私がさらにおすすめするのは、波の音や虫の声など、別の種類の自然音と重ねる使い方です。自然音に立体感が増し、部屋のなかで自然を体感することができます。

また自然音は、テレビ、ラジオ、CD、楽器を演奏するなど、生活環境のあらゆる音や音楽と調和します。自然音を流し続けることで、生活の場をますます快適な空間に高めていきましょう。

ペットのために

STEP2で、体感音響システムを獣医さんが犬や猫に使用しているケースを紹介しました。

体感音響システムに限らず、動物たちはサウンドヒーリングをとても好みます。まるで「セロ弾きのゴーシュ」の話のようですが、実際の動物の様子を見ていると、それがよくわかります。

お台場にある日本最大級の猫カフェ「猫《にゃん》だ! カフェ」では、屋久島の自然音を流し続けています。猫たちはこの音が大好きで、自然音をかけるようになってからというもの、猫同士のケンカもなくなり、とても穏やかになったそうです。動物たちのほうが、本能でわかっているのでしょうね。

24時間自然音をかけ続けておくと植物たちが生き生きとしてくるのと同じで、ペットたちにも効果があります。日中出かけてしまう人は、家に残してきたペットのことが気になるものです。ペットによっては、一日中部屋にいることでストレスもたまります。しかし、自然音を聴かせ続けておくと、ストレスが緩和され、特に「猫が穏やかになった」という声を多く耳にします。

犬や猫は、人間よりも聴こえる周波数の幅が広く高い帯域がよく聴こえます。人間が聴こえる周波数の帯域は20～2万ヘルツなのに対し、犬は15～5万ヘルツ、猫は60～6万5千ヘルツもあるのです。いい音は振動となって耳に入り、体中に伝わっていきます。ペットたちの健康のためにも、留守中も自然音をかけてみてください。

農家、酒造メーカーで

自然音は、農家や企業にも広がっています。

菊の花の実験でおわかりのように、自然音は植物にもいい影響を与えます。実際に自然音を聴かせて栽培しているイチゴハウス農家が長崎や愛知にあり、面白いことに、スピーカーに近いものほど甘くなるそうです。私もいただいてみましたが、とっても甘くて味の深い、おいしいイチゴでした。

日本酒メーカーさんのなかには、日本酒づくりに音楽を取り入れているところがいくつかあります。日本酒はお米を発酵させてつくりますが、音楽を聴かせると発酵が進むのです。これは音が微生物にもいい影響を与えるからと考えられます。

以前、私たちがワインの発酵過程とご飯の腐敗・発酵過程に関して実験をそれぞれおこなったところ、ワインでは善玉菌の働きが活性化され、2～3日短い日数で発酵し、とてもフルーティでさらっとした味になることがわかりました。

ご飯のほうは、音を与えた場合は発酵型の微生物が働いたのか、白い菌が出ていい香りになっていきました。しかし音を聴かせなかったご飯のほうは、腐敗型の微生物の影響か、黒い色の菌が繁殖し、悪臭を放って腐ってしまいました。

ウイスキーメーカーさんとの共同実験では、音の振動を使うと水とアルコールがなじみやすくなり、エイジングが進み味がまろやかになったという結果が出ました。

これは私自身もやっていることですが、屋久島のCDを流しているスピーカーの前にペットボトルの水を置いておくと、味がまろやかでおいしくなるようです。

買ってきた日本酒やワイン、ウイスキーなどに聴かせてみると、よりおいしく飲めるのではないでしょうか。

圧縮しないで音楽プレイヤーに取り込もう

自然音を部屋以外の場所で聴きたいときもあると思います。たとえばすでにお話しした、電車や飛行機のなかでは、イヤホンで聴く必要があります。そのときにひとつ注意していただきたいことがあります。ｉＰｏｄなどの携帯型デジタル音楽プレイヤーで自然音を聴こうとするときは、音源を圧縮しないでほしいのです。

携帯型デジタル音楽プレイヤーで音楽を聴いている人は、ほとんどが圧縮した音源を聴いています。どういうことかというと、聴く人がわからない範囲で音の情報を少なくして、データの容量を少なくしているのです。つまり大事な音の情報を間引くことによって、たくさんの曲が入ります。

普段、好きな音楽を聴くときには構いませんが、自然音の場合は、情報が間引かれたとき、もっとも大切な「ゆらぎ」や「倍音」の情報も切り捨てられてしまいます。これは、非常にもったいないことです。たとえて言うなら、自然音は〝サプリメント〟としてではなく、〝ホールフード〟として素材そのままを味わってほしいのです。

携帯型デジタル音楽プレイヤーで自然音を聴くのが悪い、という意味ではありません。音源を圧縮することが問題なのです。「ＷＡＶＥ形式」で取り込めば、音源は圧縮されません。

もちろん、厳密にはＣＤも完全ではありません。屋久島の音を聴くには屋久島に行くのがベストです。

しかし、24時間流し続け、都会の空間を快適にする目的では、ＣＤの基準（16 bit／44・１Ｋのサンプリングレイト）が最低限必要です。

サウンドヒーリングでは、自然音は長時間流しっぱなしにすることが前提ですから、それだけ体に与える影響も大きくなります。圧縮しない音源で聴くほうが、体が喜ぶというわけですね。

「音」と「音楽」を使い分けよう

自然音＝ナチュラル・オーガニック・サウンドについて話してきましたが、それ以外の音選びはどうすればいいのでしょうか？

体にいい音を選ぶにはちょっとしたコツがあります。

たとえば、モーツァルトの音楽は確かにいいものです。体を活性化させるとも言われています。だからと言ってモーツァルトなら何でもいいかというと、そうではありません。

私は録音の状態や、誰が演奏したか、誰が制作したかによっても違うと思います。演奏者自身の命の輝きを感じるような音には、いいエネルギーがあります。

ではそういった音をどう選べばいいのでしょうか？

自然音を聴くときのように、「体で聴く」習慣をつけるとわかりやすいでしょう。

目を閉じてゆっくり呼吸しながら、体で音楽を聴く感覚で丁寧に音をイメージして聴いてみてください。体で聴くことが身につくと、その音を聴いたときに体が温かくなる感じがします。体が喜ぶ音は、何度聴いても飽きることがなく、体をゆるめ、体内のエネルギーの循環をよくします。

クラシックだからいいとか、環境音楽なら何でもいいというわけではありません。自分の体が喜ぶ音を感じとる「感覚」を身につけるには、普段から自然音を流しておき、体の感覚を磨くことが大切です。さまざまなことを感じとる「直感力」を高めていくといいでしょう。

私は「音」と「音楽」を分けて考えるようにしています。

たとえば付録ＣＤの屋久島の音のような自然音は、空間に流すことでその場を快適にし、体のリズムを自然にととのえていきます。ストレスで不調和になってしまったものを、自然のエッセンスを取り入れることで、本来の状態に戻していくのです。そういった目的で聴くものは「音」と捉えています。「音」は、「聴く」のではなく「体に音を取り入れる」「体に浴びる」という感覚です。

一方「音楽」は、自分の心を元気にしたり、なぐさめたり、ほっとさせたりする役割があります。自分のそのときの心にぴったりフィットする音楽を、人は求めるものです。だからその人に合った音楽はその人でしか決められません。ただ、好きな音楽は気分や感情によっても変わるのが特徴です。昨日よかったと思う音楽も、今日は聴きたくない、ということもありますね。

ですから、そのときの気分やシーンによって、「音」と「音楽」を使い分けるといいと思います。たとえば夜寝るときは好きな「音楽」をリピートモードでかけ続けることはできないでしょう。体が喜ぶ自然音のような「音」を聴いて、リラックスして眠りに入るのがいいでしょう。

また、大切なプレゼンがある日の朝やスポーツをする前など、気分を高めたいときは、交感神経を活性化させ、テンポやリズムのいい「音楽」を聴くといいでしょう。これを聴くと元気になれるという音楽が誰にでもあるはずです。

「音」と「音楽」を上手に使い分けて、メリハリのある生活を送りましょう。

サウンドヒーリングで「休み上手」になる！

やる気が出る音楽、元気になれる音楽を聴いて毎日ベストを尽くすのはいいことだと思います。でも、交感神経を優位にし、やる気が出る音楽ばかり聴いてオン・モードで突っ走っていると、体は悲鳴をあげてしまいます。

メリハリのある生活を、とお話しましたが、現代人はこの「メリハリ」が大切です。私の印象では、一生懸命頑張っている人ほど、オフ・モードにするのが苦手で、リラックスして体をゆるめる時間もとらないようです。

自分の本当の力を出すためには、力を抜く時間が必要です。力を出すときと抜くとき、両極端な時間の使い方ができる人ほど、充実した人生を送ることができます。私はこれをよく「振り子」にたとえるのですが、振り子が目一杯振れるくらい、オンとオフの切り替えをはっきりつけるのです。

現代人は昼も夜もテンポの早い生活リズムのなかで過ごし、振り子の振れ具合が極端にオンにかたよっている人が多いと思います。忙しいからリラックスできない→少し休んで、また無理やりアクセルを踏んでオン・モードにする→その結果、思いっきり力を出し切れない→疲れはたまっていく……この悪循環ではないでしょうか。

力を抜いているつもりでも、無意識に力が入ってしまい、体の緊張がとれないままストレスが蓄積されていき、やがて不眠やうつなどの病気になってしまう人もいます。

オンにするには、徹底的にオフにすることです。現代人は忙しく、頑張りすぎて常に緊張状態が続いています。なかなか休めないという人は、夜寝るときに屋久島のＣＤをかけることだけでも続けてみてください。せめて夜寝るときだけは、自分の心と体を喜ばせる時間をつくるのです。

ＣＤをかけはじめて何日かは、体がゆるむことでだるさが出たり、体が重く感じてなかなか起きられないことがあるようです。

しかしそれは、一種の好転反応のようなもので、体が「もっと自分を大切にしてほしい」とメッセージを送ってくれているわけですね。振り子が思いっきりオフの方向へ振れた、ということなのです。聴き続けることで、だるさはなくなり、オンとオフの切り替えがはっきりしてくるようになるでしょう。

オン・オフの切り替えがうまくいくようになると、睡眠時間の質が変わってきます。眠りが浅かった人も、深くぐっすりと眠れるようになります。

いい仕事をし、充実した人生を送るためには、リラックスして充電する時間と、力を出し切る時間の両方を持つことが大切です。それを簡単にできる方法として、サウンドヒーリングをぜひ生活のなかに取り入れてみてください。

「声」を変えれば人生が好転する

ヒーリングというと、外から人やものを通して癒してもらうことだと思っている人が多いのではないでしょうか。サウンドヒーリングも、音によって癒してもらうものだと思っているかもしれませんね。しかし、それは少し違います。

ヒーリングとは、自分が本来持っている働き、つまり体に備わっている生命力を働かせることです。そのきっかけをつくるのが「音」なのです。

STEP3の最初に少し紹介したサウンドヒーリングメソッドのひとつである、「ピースクリエイティング・ボイス」は、自分の心のなかのピースフルな感覚に合わせて、自分の発する声で、自分の心と体の細胞に響かせる方法です。まさに、自分の声で自分のヒーリングをしている感覚が味わえると思います。

声を出すという行為だけでも気持ちが変わります。まず、声を出すと姿勢が変わります。姿勢が変わると声質も変わって、明るく届く声になります。声を出すこと自体が、人との調和につながります。「おはよう」「ごめんなさい」「ありがとう」の一言の声掛けだけで、人間関係がよくなっていくことが多いと思いませんか。

では実際に「ピースクリエイティング・ボイス」をおこなってみましょう。付録の屋久島のCDを流し、意識的に耳から音を聴きながら、ゆっくり呼吸をします。呼吸は、鼻からゆっくり息を吸って、口からゆっくり吐きます。息を吐くときに、同時に声を出します。

このとき出す声と、言葉が重要です。自分の胸や腹に手を当てて、自分の心に平和を創造する発声をするのです。たとえば「愛」なら「あーいー」というように、やや低めの声で1語ずつ長くゆっくり伸ばします。慣れてきたら、20秒、30秒かけてゆっくり声を出してください。「平和」なら「へーいーわー」と伸ばします。

発する言葉の例をあげましょう。

「愛」「調和」「平和」「光」「喜び」「叡智」「命」「幸福」「誠」「創造」「力」「繁栄」「感謝」「ありがとう」などです。

前向きで明るくて、調和に富んだ言葉です。肯定的な言葉であれば何でも大丈夫です。もちろん「私は若い」「きれい」「美しい」「私は愛されている」などでもいいですよ。自分が発するとワクワクしたり、喜べる言葉であることがポイントです。

日常生活で私たちは「疲れた」「できない」などの否定的な言葉やネガティブな言葉を使いすぎ、不平不満を言いすぎています。

人の悪口やネガティブな言葉を発しないようにし、常に気持ちのいい言葉を発するようにするだけでも、体と心が変わってきます。

言葉の力は、想像以上に大きいものです。同じことを言っているつもりでも、ちょっとした言い回しで効果が変わってきてしまいます。

たとえば、「私は病気をしません」は「病気」というネガティブな言葉が入っていますが、「私は健康です」はすべてポジティブな言葉です。

また、私は徹夜でほとんど寝ていない日の翌朝、あえて「あー、今日はよく寝た、調子がいい」と言うようにしています。何度か言うと、脳がよく寝た朝の元気なモードにシフトします。だまされたと思ってぜひやってみてください。

こんな簡単なことで効果があるのか、と思われるかもしれませんね。しかしこの発声法は、先述したガンの名医であるミッチェル・ゲイナー博士が、ガン治療の現場で取り入れている方法です。主に化学療法をおこなっている患者さんを対象に、屋久島のＣＤをかけながら発声をしています。

発信源が自分の喉ですから、全身の細胞が肯定的な言葉を聴いています。体の代謝がよくなり、温かくなります。そして、免疫力もアップします。免疫力がアップすることによって、化学療法の副作用が軽減したり、ガンと共存できる体づくりができるのです。

「ピースクリエイティング・ボイス」はいつどんなときにおこなっても構いません。まずは朝や夜などに一日1回、5分から10分程度試してみてください。ゆっくりした呼吸と共にポジティブな言葉を声に出して、自分の体の細胞に響かせましょう。

私だけでなく、私の周囲の人たちは、この「ピースクリエイティング・ボイス」をおこなうようになってから、いろいろなことがうまくいくようになりました。これは、自分の心のなかをポジティブで高く澄んだ方向に向かわせてくれるからなのだと、私は思っています。

ポジティブな声を響かせ続けることは、心にやすらぎをもたらすと同時に、人生を豊かで喜びが多いものにしてくれるでしょう。

自然のリズムに合わせて生きよう

屋久島のＣＤを聴く、体感音響システムを使う、声を出すといった、私たちの心と体が本来の元気を取り戻す方法を紹介してきました。どれも気持ちよく、心と体が喜ぶ方法です。

その根底にある大切なことは、私たちが地球の自然のリズムに合わせた生き方をすることです。

いつも体が疲れるということは、地球の自然のリズムに合っていない生き方をしているからでしょう。夜になれば自律神経の副交感神経が優位になり、体のほうは自然に休みモードになります。それでも夜遅くまで起きてパソコンやゲームなどをする生活を続けていると、朝起きても体のなかは寝ている状態です。そこをまた気持ちだけで頑張ってしまうので、余計疲れてしまう……。

どこか不調を感じたときは、自分のライフスタイルを見直すチャンスでもあります。体は、思っている以上に回復力があるものです。たとえばサウンドヒーリングによって腰痛がやわらいだ、という人がいます。でも、それは音が治したのではありません。音の刺激がきっかけとなって、細胞の組織の修復能力が高まったということなのです。私たちは本来、自分で体や心をととのえる力を備えているのです。

よく「プラス思考をしましょう」と言いますが、ストレスを感じる毎日を送っている人には、実際なかなかできにくいことですね。それに対してサウンドヒーリングでは、無理してプラス思考をしなくてもいいと言っています。とにかく音を流して体をゆるめ、自然の大きな流れを感じて生きていると、それがそのままプラス思考の生き方につながっていくという考え方です。

自然を感じて生きることは、それほど難しいことではありません。体にいい音を聴いたり、花を部屋に生けたり、その香りを楽しんだり、玄米を食べたり、夜空の星を見たり……自然のエネルギーを五感を通して体に取り入れるように心がけましょう。体を喜ばせることをたくさんして、感性に磨きをかけ、いい感覚を敏感にしていきましょう。

イギリス出身の映画作家であり映画スターのチャップリンは、映画『ライムライト』のなかで、歩けないと思い込んでいる若きバレリーナに次のような言葉を贈っています。

「宇宙にある力が、地球を動かし、木を育てる。君のなかにある力と同じだ。さあその力を使う勇気と意志を持つんだ」

私たちの心臓や体のなかを動かしている力は、宇宙を動かしている力と同じだ。まだ眠っているその力を発揮すれば、自分の人生を思ったように切り開いていけるよ、とチャップリンは言いたいのでしょう。チャップリンは生涯を通じて世界の平和と大きな愛、そして人間の本質を追求した人でした。

またギリシャ時代の哲学者ピタゴラスは「宇宙は音楽である」と考えていました。そして音楽によって人間の魂が宇宙や自然と調和する、また音楽の力で人の魂や心の深い部分に働きかけることができる、その働きかけが内面的により深く大きな人間に成長するために役立つと考えていました。

本来なら、自然のなかに身を置くだけで体はいいエネルギーを浴びます。でもなかなかそれができないからこそ、屋久島の音を都会の環境のなかで使うのです。

自然音を日常生活に取り入れて、いい環境をつくるというのは、簡単な方法だと思いませんか？　オーガニックフードやオーガニック商品を生活のなかに取り入れるのと同じように、ナチュラルなサウンドを日常生活に当たり前のように使う——そうすることで、体と心は健康になっていきます。

自分のなかにある本来の力を目覚めさせ、健やかな体と、生き生きとした心で生きることを、みんなではじめませんか。

サウンドヒーリング及び体感音響システムのお問い合わせ

サウンドヒーリング協会　電話　03-3441-6758 FAX　03-3441-6929

ホームページ　http://www.sound-healing.jp

e-mail　info@sound-healing.jp

*なお、サウンドヒーリングはセロトニン道場でも体験できます。

セロトニン道場　　電話　03-5812-5363

ホームページ http://www.serotonin-dojo.jp

著者紹介

喜田圭一郎　サウンドヒーリング協会理事長。(株) ジョイファンデーション代表取締役。環境音楽の企画制作会社を経て、体感音響の開発に携わった後、独立。1999年にガン治療の名医ミッチェル・ゲイナー博士と出会い、体感音響施術法「ＫＩＴＡサウンドヒーリングメソッド」を体系化する。このメソッドは、コーネル大学医学校付属ニューヨーク病院でガン治療のプログラムに取り入れられているほか、9.11同時多発テロの後遺症（ＰＴＳＤ）の軽減にも使われており、日本でも心療内科や産婦人科、歯科、ホテル、エステサロンなど、幅広い分野に広がっている。

現在、ミッチェル・ゲイナー博士のワークショップを日本で定期開催。また、サウンドヒーリングプロデューサーとして、音を使った空間の演出や商品開発、環境音楽ＣＤを数多く手がけている。

本書は、聴くだけで心と体が変わる「癒しの音」の秘密をはじめて解き明かした一冊。

監修者紹介

有田秀穂　1948年東京都生まれ。東邦大学医学部統合生理学教授。セロトニン道場代表。東京大学医学部卒。東海大学で臨床、筑波大学で脳神経系の基礎研究に従事。その間、ニューヨーク州立大学に留学。坐禅とセロトニン神経の関係について、研究を重ねる。

『セロトニン欠乏脳』(NHK出版)、『脳からストレスを消す技術』(サンマーク出版)、『「ストレスに強い脳」をつくる6つの習慣』(小社刊) など著書多数。

聴《き》くだけで体《からだ》が変《か》わるサウンドヒーリング

2011年3月25日　第1刷
2012年6月20日　第2刷

著　者　喜《き》田《た》圭《けい》一《いち》郎《ろう》
監修者　有《あり》田《た》　秀《ひで》穂《ほ》
発行者　小澤源太郎

責任編集　株式会社 プライム涌光
電話　編集部　03(3203)2850

発行所　株式会社 青春出版社
東京都新宿区若松町12番1号 〒162-0056
振替番号　00190-7-98602
電話　営業部　03(3207)1916

印　刷　共同印刷　　製　本　大口製本

万一、落丁、乱丁がありました節は、お取りかえします。

ISBN978-4-413-03798-3 C0095

© Keiichirou Kita 2011 Printed in Japan

本書の内容の一部あるいは全部を無断で複写(コピー)することは著作権法上認められている場合を除き、禁じられています。

子育てに悩んでいる
お母さんのための心のコーチング
山﨑洋実
1257円

【ヨコミネ式】子育てバイブル
天才を育てる言葉
横峯吉文
1200円

大人の教科書
「道徳」の時間
大人の教科書編纂委員会［編］
1352円

古くて新しい奇跡の言葉
「いただきます」
食といのちの大切な話
木村まさ子
1333円

中国が世界に知られたくない
不都合な真実
坂東忠信
1400円

青春出版社の四六判シリーズ

仕事をためこまない人になる
5つの習慣
佐々木正悟
1333円

子どもの考える力は
「書き・読み」で伸びる!
樋口裕一
1400円

大人の「論理力」が身につく!
出口の出なおし現代文
出口　汪
1333円

狂った世間をおもしろく生きる
ひろ　さちや
1400円

このスッキリは一生もの!
片づけの教科書
小松　易
1333円

※上記は本体価格です。(消費税が別途加算されます)

お願い　ページわりの関係からここでは一部の既刊本しか掲載してありません。
折り込みの出版案内もご参考にご覧ください。